CE QUE JE CROIS

Ancien ambassadeur, plusieurs fois ministre, député, président du conseil général du Cher, Jean-François Deniau a écrit de nombreux livres. Essayiste, on lui doit, notamment, L'Europe interdite, La Mer est ronde, Deux heures après minuit; *romancier, il est l'auteur, entre autres, de* La Désirade, Un héros très discret, L'Empire nocturne et Le Secret du roi des serpents. *Il a obtenu le Grand Prix Paul Morand de* l'Académie française pour l'ensemble de son œuvre.
Jean-François Deniau est membre de l'Académie française, élu au fauteuil de Jacques Soustelle, depuis décembre 1992.

Par tradition, par conviction, Jean-François Deniau est de ceux qui ont choisi d'accomplir, le plus dignement possible, leur « métier d'homme ». On l'a vu, selon les circonstances, ministre ou rebelle, marin ou ambassadeur, baroudeur ou notable. Mais, pour cet amateur de défis ne s'agissait-il pas, chaque fois, de rester fidèle à lui-même?
Et c'est cette fidélité qui, précisément, résume ce livre où l'on découvrira un homme qui ne s'est jamais lassé de dire ce qu'il croit, et de faire ce qu'il dit. Les damnés de cette terre – afghans ou libanais, baltes ou croates – le savent bien qui, toujours, et au plus tragique de leurs épreuves, ont retrouvé Jean-François Deniau à leurs côtés. Le « métier d'homme »? Une éthique de chaque instant où n'entrent ni le calcul ni l'ambition.
Des grands de ce monde aux plus humbles, de l'Orient compliqué à la nouvelle Europe, de l'Asie décolonisée à l'Espagne post-franquiste, de la politique française où il s'ennuie parfois à l'Océan où il se ressource toujours, Jean-François Deniau n'a négligé aucun des théâtres où s'écrit l'histoire de ce siècle. Témoin, acteur, moraliste, il aime se battre, contre le mal, contre la maladie. Et chacun de ses combats demeure, pour tous, une leçon d'espérance.

DU MÊME AUTEUR

LE BORD DES LARMES,
Grasset, 1955.

LE MARCHÉ COMMUN,
collection « Que sais-je ? »
Presses universitaires de France, 1958,
réactualisé en 1991, 15ᵉ éd.
(en collaboration avec G. Druesne).

LA MER EST RONDE,
Le Seuil, 1975 et Gallimard, 1980.
(Grand Prix de la Mer 1975.)

L'EUROPE INTERDITE,
Le Seuil, 1977.

DEUX HEURES APRÈS MINUIT,
Grasset, 1985.

LA DÉSIRADE,
Olivier Orban, 1988.

UN HÉROS TRÈS DISCRET,
Olivier Orban, 1989.

L'EMPIRE NOCTURNE,
Olivier Orban, 1989.

Jean-François Deniau a obtenu le Grand Prix Paul Morand de l'Académie française pour l'ensemble de son œuvre en 1990.

JEAN-FRANÇOIS DENIAU
de l'Académie française

Ce que je crois

GRASSET

I

LES MOTS

« Parle à cet homme ; si tu ne lui parles pas, tu perds un homme. Ne parle pas à cet homme ; si tu lui parles, tu perds une parole. Sage est celui qui ne perd ni un homme ni une parole. »

La délégation venue de la cour s'incline devant Confucius. « Les enfants ne respectent plus leur père, ni les pères leurs engagements. Les digues n'étant plus entretenues, le fleuve Jaune sort de son lit et noie les récoltes. Les paysans affamés ont mangé leurs semences pour survivre et ne peuvent plus ni semer ni payer l'impôt. Les gouverneurs gardent l'argent du Trésor et les soldats sans solde dévastent l'Empire. Le Mandat céleste est interrompu. Maître, que faire ? » Confucius répond : « Un dictionnaire. »

Pour s'entendre, il faut d'abord entendre, c'est-à-dire comprendre. En France aussi. La confusion du langage traduit le désarroi des mœurs publiques, l'incertitude née de la crise sur l'avenir de chacun, le doute sur le rôle et l'existence même du pays. Quel est le bon esprit, occidental cette fois, qui s'est écrié : « Les mots, les mots, il n'y a que cela qui compte. Tout le reste est littérature... » ?

Comment avoir confiance dans un régime où la justice, premier attribut de la souveraineté et seul ministère à porter un nom de vertu, est contestée par les juges eux-mêmes qui s'inquiètent d'étouffements, de retards, reports, déplacements répétés jusqu'à ce qu'on ne sache plus qui est coupable, ni qui est innocent, et où est le bien, où est le mal ?

Comment continuer à croire en la mission de la France alors qu'elle a paru en Europe centrale, en URSS, en Afrique, au Liban, renoncer à tout message clair et cohérent sur les droits de l'homme, l'indépendance, la liberté, pour privilégier le seul maintien des régimes en place et une sorte de droit des bureaucrates à disposer des peuples ?

Comment aimer, soutenir, agir, espérer, alors que les rejets se multiplient autant que les craintes. Un système administratif et politique complexe a permis d'inoculer une maladie mortelle à des milliers de transfusés sanguins. Plusieurs centaines sont déjà morts. Par qui de telles décisions criminelles ont-elles été prises ? Silence. Comment ? Silence. Pourquoi ? Silence. Ou pire : la confusion. Déclarations techniques embrouillées, accusations et contre-accusations allusives. Le ministre, femme de grande distinction, charme et réputation, se proclame « responsable mais non coupable ». Que comprendre ? Les mots n'ont plus de sens. Il n'y a plus de réponses.

La démocratie, c'est savoir écouter. C'est aussi savoir expliquer. Trop souvent les membres du gouvernement croient bien faire en utilisant le langage de leurs fonctionnaires et les tics du jargon à la mode. Ainsi se trouve accrue la distance entre pouvoir et administrés, le pouvoir restant ce « ils » mystérieux, comme d'une autre race, d'une autre planète. Que veut dire le différentiel d'inflation pour une famille qui écoute la télévision pendant que l'on dresse la table du dîner ou que l'on couche les enfants ? Que sont la balance des paiements, les nationalisations, le tiers monde ? Dans les bruits d'assiettes quel peut être l'impact de l'interview du ministre, interchangeable quels que soient le ministre et le sujet ? « Cher ami, je ferai trois propositions et deux observations. D'abord, une vaste action de sensibilisation au plan de l'opinion publique. Ensuite, la mise en place à terme rapproché d'une large structure de concertation. Enfin, la définition d'une politique résolument volontariste en ce qui concerne notamment l'identification des créneaux porteurs... »

Depuis la tour de Babel, la situation ne s'est pas améliorée. C'est à l'intérieur de chaque langue nationale que les idiomes barbares prolifèrent. En 1981, Georges Fillioud est nommé ministre de la Communication. Il fait une déclaration à la presse pour présenter ses fonctions. Je cite. « Si l'information est linéaire, la communication, elle, doit être décrite comme englobante, interactive, foisonnante et multidimensionnelle. Elle prend en compte l'échange message-réponse et l'ensemble des échanges et leur environnement. » Seigneur... Depuis, des techniciens ont inventé le « parler vrai » et le « parler cru » avec aussi peu de succès.

Le refus d'expliquer simplement et clairement n'est pas seulement une conséquence de l'intoxication par le jargon. Il correspond à un défaut plus grave qui est en fait le *mépris*. Ceux qui savent parlent pour ceux qui savent. Les ingénieurs parlent pour les ingénieurs, les prêtres pour les prêtres, les philosophes pour les philosophes, les politiques pour les politiques, les journalistes pour les journalistes. Et puis, les mots s'usent. Croire les renouveler en les changeant c'est ajouter à la confusion.

André Malraux racontait qu'il avait eu l'honneur de prononcer au nom du général de Gaulle, à Fort-Lamy, le discours donnant l'indépendance au Tchad. Il s'était trouvé devant une foule immense dans laquelle peut-être quelques milliers de personnes seulement comprenaient le français. Mais chaque mot de son discours, il en était sûr, il le sentait à la respiration de la foule, était parfaitement compris de tous. Le message était si évident, la liberté dans l'amitié, que la barrière des langues n'en était plus une. Et il me rappelait que saint Martin, l'apôtre des Gaules dont tant de nos villages portent le nom, ne savait pas quatre mots de latin et pas un seul de gaulois. Il ne parlait que le hongrois et le grec... Mais notre monde attendait la bonne nouvelle. On n'entend bien que ce qu'on attend.

L'Église catholique ne s'est pas encore tout à fait remise d'avoir paru trop longtemps attachée à une conception de la société qui était celle du libéralisme en économie et de l'ordre établi en politique. Coupée de la classe ouvrière, elle a souhaité y retrouver son audience en se voulant progressiste, voire contestataire. C'est un métier que les syndicats feront toujours mieux qu'elle. Par peur de ne pas être de son temps, elle a parfois cherché à être à la mode. Il n'est pas facile d'être présent en ce monde en croyant résolument en l'autre. Le pape Jean-Paul II a donné un souffle nouveau parce qu'il n'a pas hésité à utiliser des mots simples et forts. Il a gêné et même davantage. Ce n'est pas un hasard si on a tenté de l'assassiner.

Lors de sa visite au Mexique, le pape avait décidé de

se rendre au sanctuaire de la Guadalupe. C'est là que la Vierge est apparue à l'Indien Juan, entraînant la conversion de tout le pays. Pour le peuple mexicain, c'est à la fois Lourdes, Chartres, Reims et que sais-je encore. La hiérarchie n'aime pas trop le côté folklorique et passionné du pèlerinage, les processions à genoux, les pétards et l'encens. L'éminence qui reçoit le pape lit donc un discours de bienvenue alambiqué, qui évite soigneusement de citer les apparitions et minimise toute référence divine. Le pape écoute, met dans sa poche le discours préparé par ses services, s'avance vers le micro, lève les bras et crie en espagnol : *« Viva la Virgen de la Guadalupe. »* Quelques dizaines de millions de Mexicains heureux. Quelques commentateurs qui le sont moins.

Propagande ? Théâtre ? Oui et non. Savoir dire les mots espérés est parfois plus important que d'aligner des divisions blindées. A la longue ce n'est pas la comptabilité stalinienne qui a gagné. Dans la chute des régimes marxistes en Europe de l'Est, il y eut d'abord le refus de désespérer en Pologne, fondé sur une résistance qui a tenu grâce aux structures de l'Église et aux messages de Jean-Paul II, pape polonais.

N'ayant plus de modèle à proposer, le parti communiste est sans voix. Il avait gardé pourtant tout ce que l'Église a plus ou moins laissé perdre en Occident, les rites, la chaleur d'une appartenance, le dévouement des adeptes. Il avait son latin qui était la langue de bois marxiste. Il avait des saints et des martyrs à vénérer. Il avait des diables à combattre.

Il avait aussi son au-delà, apportant la promesse des lendemains qui chantent pour que soit tolérable la vie quotidienne ici même. Il peut être encore une force. Il n'est plus un espoir.

On a dit que le monde moderne était plein d'idées chrétiennes devenues folles. On pourrait dire aussi : de mots ayant perdu leur sens, ou détournés de leur sens. Le marxisme n'est plus la théorie ultime qui recouvre, reprend et intègre toutes les explications. Il reste un outil de travail, avec d'autres, parmi d'autres, suivant ainsi le sort des théories philosophiques, toutes au départ « totalitaires » (c'est-à-dire présentant une explication complète et définitive) et toutes tôt ou tard prenant leur place utile dans l'atelier de la pensée. Une clé et non la clé. Karl Marx et Dieu ne sont pas morts. L'erreur était seulement de faire de Karl Marx Dieu le Père, ce qui est excessif, et de Dieu un président d'association de consommateurs qui aurait des amis à la CFDT, ce qui est inadéquat.

Après l'effondrement des régimes soviétiques en Europe et dans le monde, chacun s'inquiète et se pose la question : que faire ? D'abord, saluons la victoire d'une idée de liberté qui est la nôtre, celle de notre type de civilisation et de démocratie. Pensons à tous ceux qui sont morts par millions, massacrés et oubliés, dans l'attente d'un régime où l'on pourrait choisir sa foi et sa vie. Regrettons que le souci de ne pas désespérer Billancourt ait conduit tant d'intellectuels français à désespérer de la liberté.

Réfléchissant sur sa longue expérience du régime communiste albanais, Ismaïl Kadaré m'a dit un soir que le drame du système politique léniniste était d'avoir instauré pour la première fois dans l'histoire un pouvoir sans aucun contre-pouvoir, ni politique, ni technique, ni religieux, ni moral. Du temps des rois, des empereurs, des tyrans, il y avait au moins la morale populaire des fabliaux et du folklore qui rappelait que le plus puissant finit par trouver son maître et que celui à qui les fées ont tout promis voit ses souhaits se retourner contre lui et le boudin lui sauter au nez.

Refuser les libertés « formelles » en les condamnant comme « bourgeoises » a conduit à une régression de toutes les libertés. Parce que, sans contre-pouvoir, le pouvoir devient encore plus fou. *Parce que seule la liberté permet de corriger les défauts de la liberté.* Mais la liberté ne résout pas tous les problèmes. Elle est nécessaire, pas suffisante. Quand on meurt de faim et de peur il faut un bulletin de vote, et autre chose qu'un bulletin de vote. La démocratie s'est imposée en Espagne grâce au courage et à l'intelligence du roi, mais aussi parce qu'une réforme économique dix ans auparavant avait apporté un minimum de prospérité.

A la différence des Américains, les Français n'ont jamais lu l'Ancien Testament : ils ne croient donc pas que le succès et la richesse sont le signe de la bénédiction divine. (C'est le scandale de Job. Il est pieux, pourquoi est-il pauvre ?) Mais ils connaissent en gros le sens du Nouveau Testament même s'ils ne le pratiquent plus : les hommes sont libres et égaux. Si on oublie que c'est devant Dieu, voilà une bonne base de guerre civile. En France, la lutte des classes s'appelle jalousie. Attention aux mots.

A défaut de faire un dictionnaire, consultons ceux qui existent. Et dans ce monde de verbiage, revenons aux sens premiers que donne Littré.

LIBRE *(de liber)* : « qui n'est soumis à aucun maître ». Terrible définition. Qui peut se prétendre libre ? Qui peut même l'espérer ? Dressons la liste de nos maîtres, existants ou possibles. Ce ne sont pas seulement le patron ou le chef, le conjoint ou la famille. Pas seulement une classe, un parti, l'État. Pas seulement les autres... C'est aussi la faim, la maladie, la misère, la guerre, l'âge, la solitude. C'est aussi la passion non satisfaite, l'espérance déçue, l'approche de la mort. Voilà nos maîtres. Et plus encore, la peur de tous ceux-là.

La liberté, c'est le droit de choisir. Le droit de choisir son école, son médecin, son député et son gouvernement. Son journal, son programme de télévision, son métier, son lieu d'habitation, ses vacances, ses amis. Encore faut-il pouvoir choisir. Donc comparer. La démocratie étant comprise comme une mise à disposition de différentes solutions équilibrées. (Et se traduisant de façon normale par l'alternance.)

Comme en d'autres temps et lieux fut inventée la doctrine de la révolution permanente, il faut rénover celle du choix périodique. En définissant mieux ce qui doit rester permanent et ce qui peut changer. En assurant une sorte de filet de première nécessité, la liberté s'exerçant au-delà, ou plutôt au-dessus. Ensuite, il faut vouloir choisir. Et je ne suis plus tellement certain que tous soient autant pour la liberté.

Si l'absence de liberté est la peur d'un maître,

l'absence de maître est aussi la peur. Bien davantage que tout ce qu'avaient mis en avant MM. Freud, Jung ou Adler, sexe ou volonté de puissance, le sentiment le plus général et le plus profond de l'homme, né avec lui dans les cavernes, passé dans le sang, retrouvé à chaque enfance et ne disparaissant qu'avec chaque mort, est la peur de la nuit, la peur du noir, la peur d'être seul dans le noir. Le sentiment le plus profond de l'homme est la peur... Mais qui osera dire que la liberté est aussi le droit d'avoir peur ?

Le droit d'avoir peur et la possibilité de se protéger contre la peur. Je n'aimais pas le titre du projet de loi, « Sécurité et Liberté », qui suscita tant de débats. Parce que la sécurité (on disait « sûreté » du temps de Montesquieu) est évidemment la première des libertés. Elles n'ont donc pas à s'opposer ni même à se compléter. C'est la même chose. Je n'aimais pas non plus le slogan américain, « la loi et l'ordre », parce que si la loi n'est pas l'ordre, qu'est-ce que la loi, et qu'est-ce que l'ordre... ?

La peur n'est pas seulement celle de la nuit et de la mort. La peur de vivre existe aussi. Nous sommes tous les enfants exilés d'Ève, comme on chantait dans le *Salve Regina,* rêvant d'un jardin perdu. Nous sommes tous des esclaves marrons, c'est-à-dire en fuite, cachés dans les fourrés, qui attendons d'être repris. Nous entendons sur nous le claquement des fouets, le tintement des fers et bientôt le souffle des chiens. J'ai dit leurs noms : chômage, dictature, haine raciale, misère. Et ne plus savoir où on est ni qui on est. L'incertitude n'a jamais été un élément du bonheur. Non, la liberté n'est pas de ne pas avoir de maître, mais seulement de choisir volontairement quelques-uns d'entre eux, et de tenter de les maîtriser à notre tour.

PROGRÈS : « marche en avant ».

Il n'y a dans cette définition aucun aspect positif. C'est un mouvement dans un certain sens, rien d'autre. Le premier exemple que donne Littré est même assez spectaculairement négatif : « le progrès d'une inondation ».

Quel est le discours, quel est le programme qui ne fera pas référence au « Progrès ». Qui oserait être contre et renoncerait à se faire applaudir dans les congrès avec des mots comme celui-là.

Et pourtant, si le dictionnaire avait raison, et si le sentiment populaire profond n'était pas tellement différent de celui du dictionnaire : nous sommes tous pour le progrès, en principe, mais il nous inquiète aussi, parce que nous ne pouvons pas savoir à l'avance s'il sera bon ou néfaste ?

J'ai vécu parmi des populations dites « primitives » parce qu'elles sont un peu plus subtiles que nous. Dans leur langue, contrairement à nous, elles appellent le passé ce qui est *devant* soi. Parce que le passé est connu, on peut le voir. Il n'inquiète pas. Et elles appellent l'avenir, contrairement à nous, ce qui est *derrière* soi. Parce que l'avenir est ce qu'on ne voit pas, ce qu'on ne connaît pas et donc qu'on redoute autant qu'on l'espère.

SOLIDARITÉ : « terme de jurisprudence qui s'applique aux débiteurs solidaires, c'est-à-dire que de plusieurs débiteurs chacun peut être obligé au paiement total de la dette. La solidarité ne se présume pas ».

Voilà une bien précise définition, y compris l'avertissement final. Il faudrait faire la liste, non plus des maîtres inévitables et de ceux qui sont tolérables comme pour la liberté, mais des dettes pour lesquelles nous accepterions d'être appelés seuls en paiement à défaut des autres.

Mon arrière-grand-père, lors des grandes lois sociales de Bismarck, les premières d'Europe, avait écrit un éditorial dans son journal sur le thème : la solidarité tuera la charité. Il avait tort. La charité a bien d'autres domaines où s'exercer que le chômage, la vieillesse et la maladie. Il avait raison. La conséquence d'une solidarité trop générale, trop lourde, apparaîtra vite : le refus de payer, dans la négation de tout devoir collectif. Et on réinventera la vraie mutualité. La charité, elle, s'exercera ailleurs pour les enfants du Sahel. Plus loin, puisque le mot « prochain » n'est plus utilisé, ni compris.

TRADITION : « ce qu'on transmet, le fait de livrer ».

Il y a une quarantaine d'années, j'accompagne mon frère aîné dans une visite électorale. Ferme d'une pauvreté biblique, pas d'électricité, le sol est en terre battue et la cuisine se fait encore dans l'âtre. L'agriculteur, âgé, est l'ancien maire et aussi un ancien combattant de 14-18, grand mutilé, qui ressemble à l'image du soldat français de cette époque avec béret et longue moustache gauloise. Après quelques minutes de conversation, il est tout à fait clair qu'il ne s'intéresse en rien aux élections. Nous faisons mine de nous lever, en souhaitant ne pas lui faire perdre davantage son temps. L'ancien maire se lève aussi, va prendre une bouteille d'alcool dans un placard et dit : « Vous ne partirez pas sans boire quelque chose, c'est la tradition. » Et mon frère lui répond : « C'est une excellente tradition. »

Je me rappellerai toujours, pour le saluer dans ma mémoire, ce vieux maire paysan, qui devait avoir tout juste son certificat d'études, se retournant avec une expression de stupéfaction sévère :

« Qu'est-ce que vous venez de dire ?

— Vous avez dit : vous n'allez pas partir sans boire quelque chose, c'est la tradition, et j'ai seulement ajouté : c'est une excellente tradition. »

L'ancien maire prend sa bouteille d'alcool, la tape sur la table au risque de la casser et dit :

« Non, monsieur, pas d'adjectif avec tradition. Elle n'est pas bonne ou mauvaise. C'est la tradition. Pas d'adjectif, s'il vous plaît. »

***

Redonner un sens aux mots usés, quel changement dans le discours. Quelle tâche aussi, pour ceux qui croient qu'il faut en cette fin de siècle et de millénaire définir de nouveau un rôle à notre société et à notre pays. J'aimerais un programme politique qui ne comporterait aucune attaque contre les adversaires, aucune révision constitutionnelle, aucun texte supplémentaire, législatif ou réglementaire. Pas de lois, décrets et circulaires. Non. Seulement une liste de mots à respecter et à faire respecter.

Sans adjectif. Et au singulier. Les mots nobles se dégradent au pluriel. Ajoutez un *s* à « bien » et ce ne sont plus que des « biens » qui relèvent d'un marchand. Ajoutez un *s* à « valeur », et de la morale vous passez aux cours de la Bourse. A « honneur », et des principes vous chutez au *Bulletin des Monnaies et Médailles.* A « droit », et vous descendez de la justice aux cahiers de revendications. « Espérance » au pluriel n'est plus qu'une attente d'héritage qui vous chasse des demeures de l'esprit pour l'antichambre du notaire.

Ensuite, il suffira de passer aux actes. Chesterton, excellent auteur britannique méconnu des Français, disait : « Toute pensée qui ne se transforme pas en parole est une mauvaise pensée ; toute parole qui ne se transforme pas en acte est une mauvaise parole. » Voilà une maxime qui va à l'encontre des habitudes politiques les plus ancrées.

Les Français sont tout sauf logiques et leur rêve est sans doute d'être gouvernés par des conservateurs qui tiendraient des propos progressistes ou par des militants de gauche qui ne croiraient plus au programme socialiste. J'ai pris il y a quelques années une leçon de langage, de civilisation et de morale que je ne suis pas près d'oublier.

Le gouvernement français avait constaté que, lors des visites officielles entre chefs d'État, le temps prévu pour les entretiens politiques était ridiculement court. Au maximum deux fois une heure et demie. Mais ces trois heures voulaient dire en fait seulement la moitié, compte tenu de l'interprétation. C'est au moment où les chefs d'État allaient enfin après les politesses d'usage évoquer les vrais problèmes que les deux directeurs du protocole intervenaient avec la mine confite des gens vraiment importants, ceux qui maîtrisent les horaires des célébrités et des hauts responsables. Ils rappelaient qu'il était l'heure d'aller à l'opéra voir pour la dix-septième fois *Le Lac des cygnes* ou de déposer une gerbe au monument des martyrs de l'Indépendance.

Le président de la République, en accord avec le Premier ministre, avait donc décidé qu'il y aurait un membre du gouvernement qui, avant sa propre visite, ferait une sorte de répétition de la conversation pour en dégager les points principaux, l'extrait sec. En travaillant ainsi, nous pouvions déblayer le terrain, éliminer quelques fausses pistes, et permettre à l'entretien au sommet d'aller le plus rapidement possible à l'essentiel. Pas de problèmes, pas d'incident avec une bonne douzaine de chefs d'État.

Sauf une fois. Nous sommes fin mars 1980. L'URSS a envahi l'Afghanistan depuis un peu plus de trois mois. Je rends visite au patron d'un État d'Europe orientale, satellite très fidèle de l'Union soviétique, qui a été invité à Paris pour la première fois. Quand ce président me demande comment s'organisent les conversations, je lui explique qu'il y a deux grands chapitres : les questions bilatérales, c'est-à-dire les affaires commerciales, culturelles, etc., et les questions internationales. Il me dit : « Commençons par les questions internationales. De quoi va me parler le président de la République française ? » Je lui réponds :

« De l'Afghanistan. »

Il me regarde comme si j'étais un Martien et me demande :

« Pourquoi ? »

Je lui explique avec calme que c'est la première fois depuis la fin de la Deuxième Guerre mondiale que l'Armée Rouge quitte son territoire et franchit ouvertement et massivement une frontière pour envahir un pays voisin indépendant, sous-développé et non-aligné. Que les conséquences sont dramatiques pour les Afghans, mais aussi pour toute la région qui s'inquiète en se demandant si l'URSS a décidé de faire éclater le Pakistan, et dans la foulée d'atteindre, vieux rêve russe, les mers chaudes de l'océan Indien et du golfe Persique. En Europe même, l'invasion de l'Afghanistan a eu des conséquences graves puisque la confiance a été profondément altérée et le processus de détente arrêté. Dans ces conditions, il est bien évident que le sujet sera de notre côté à l'ordre du jour...

Le chef d'État et premier secrétaire du parti communiste réfléchit un moment et me dit :

« Nous sommes fin mars, je vais venir à Paris début mai. Entre-temps, en Afghanistan, il y aura eu la fonte des neiges. Tous ceux qui se battent contre nous (il dit « nous » en s'assimilant à l'Union soviétique), tous ceux qui se battent contre nous auront été tués. Vous pouvez rayer la question de l'ordre du jour. »

Je lui réponds assez vivement qu'il se trompe, qu'il connaît manifestement mal le pays et ses habitants et que contrairement à ce qu'il affirme « ils ne seront pas tous tués » en dépit de la fonte des neiges. La question sera maintenue à l'ordre du jour.

Il hausse le ton et me dit : « Mais il faut bien les tuer, ce sont des bandits. » Je hausse le ton de mon côté et lui fais remarquer que je suis assez âgé malheureusement pour avoir connu mon pays occupé par les troupes nazies et que j'ai le regret de constater que les troupes d'occupation partout et en tous temps emploient à l'égard de la résistance le même vocabulaire.

Il s'énerve et me demande si je considère par hasard

les Afghans qui se battent contre l'Armée Rouge comme des résistants. Je réponds : comme des résistants et des patriotes.

Alors, il me dit : « Eh bien, on vous tuera aussi. »

Puis il m'explique longuement une théorie en vigueur au Kremlin, que les spécialistes appelaient l'« approche cubaine ». Pour réconcilier la théorie marxiste avec la constatation que ce ne sont pas les pays les plus industrialisés qui ont donné naissance au communisme mais que celui-ci a pris le pouvoir dans des pays moins industrialisés, grâce à la présence de l'Armée Rouge ou à un coup de force militaire, Castro avait proposé une sorte de détour intellectuel justifiant quand même Karl Marx. Ce n'était pas directement mais indirectement que les sociétés libérales allaient éclater : à cause de leur incapacité à maîtriser leurs rapports avec le tiers monde instable. N'ayant pas de matières premières, les pays capitalistes seraient mis devant le choix impossible de continuer à exploiter le tiers monde en provoquant des révolutions violentes, ou de l'aider à se développer économiquement, ce qui conduirait à augmenter la concurrence industrielle et agricole dans leurs propres économies, donc à accélérer leur perte.

« Voilà, me dit ce chef d'État, l'Union soviétique ayant seule toutes les matières premières sur son territoire, ayant seule parfaitement intégré les régions en voie de développement à l'intérieur de l'Union, ayant seule réglé de façon définitive le problème des nationalités, nous vous battrons où nous voulons, comme nous voulons, quand nous voulons. »

Je considère que j'en ai assez entendu et je m'en

vais. Au moment où j'ai la main sur la poignée de la porte, il me rappelle et me dit :

« Je me suis trompé. »

Je m'arrête en pensant qu'il est quand même saisi sinon par un remords, au moins par un doute, et j'attends. Il me dit :

« Je me suis trompé, monsieur Deniau, quand j'ai dit : on vous tuera aussi. Ce n'est pas la peine. Vous êtes déjà mort. Parce que vous ne croyez plus, en Occident, aux mots que vous employez. Vous parlez de liberté, de fraternité. Quel est celui d'entre vous qui parle de liberté dans ses discours et qui est prêt vraiment à en tirer les conséquences, à prendre des risques, à faire des sacrifices personnels au nom de ce mot qu'il a utilisé ? Vous ne croyez plus à vos propres mots. Une civilisation qui ne croit plus aux mots qu'elle emploie est morte. Inutile de vous tuer. »

Ce chef d'État a disparu, son régime s'est effondré. Mais je n'ai pas oublié la leçon.

Depuis cette conversation, j'essaie avec passion de dire ce que je crois et de faire ce que je dis.

II

L'ESPÉRANCE

« Reviens,
même les mains vides,
mais reviens ! »

L'hôpital, la nuit, n'appartient plus à la ville. Les bâtiments modernes en béton précontraint s'enfoncent dans le sol avec le soir qui tombe. Le néon des tubes s'évapore. A travers les stores métalliques, je vois baisser le jour et la ville disparaître. D'un coup de talon le génie nocturne a frappé. Paris est dispersé, oublié. A l'hôpital, les horaires et la vie sont ceux du monde rural. Lever six heures, coucher vingt heures. Le déclin du soleil, je le devine à une raie jaune sur le mur qui me fait face. Puis le roulement des chariots dans les couloirs annonce la distribution du dîner comme autrefois les essieux grinçants des tombereaux tirés à deux chevaux en flèche prévenaient du retour à la ferme.

Dehors, si loin, ailleurs, les bureaux bourdonnent, les conducteurs s'exaspèrent dans les embouteillages. Ici règne un calme paysan. L'équipe de jour fume une cigarette dans la salle de soins. Des femmes desservent les plateaux. Derniers bruits de pas, de vaisselle, de voix. A huit heures, et pour une nuit entière, un silence lourd comme la paix des champs va prendre la place de l'agitation urbaine. Il n'y a plus d'hôpital. Plus de corps médical, plus de patients. Le parc est retourné à la forêt, les marronniers sont redevenus des châtaigniers, les robiniers des acacias, les platanes des érables. Les parterres se creusent de sillons et les allées d'ornières. La folle avoine doit étouffer les buis taillés. Les corps tourmentés des malades cherchent la rivière du lit. Il m'est arrivé de pleurer seul, sans bruit. Un vague tintement de sonnette est couvert par le battement plus haut d'une cloche de couvent. Une chouette ulule. Habitat d'écart. Ermitage.

Il n'y a plus ni rues, ni toits, ni feux de circulation, ni enseignes de bars, ni queues devant les cinémas, ni terrasses de cafés, ni passants devant les vitrines, ni usagers des moyens de transports en commun. Seulement la nuit où chacun est seul, la senteur vague de la terre mouillée, le souvenir des semences qui meurent pour renaître, d'autres souvenirs, le sommet des arbres, des formes de nuages, peut-être des étoiles. Et des mots énormes, vagues, effrayants, superbes, qui flottent comme des montgolfières illuminées, abandonnées de leurs équipages au gré des courants du ciel. Le silence, l'attente, la peur, la douleur, la mort. L'espérance. Pas de pluriel, s'il vous plaît, avec espérance.

⁂

En quatre ans, on m'a opéré neuf fois. Je ne parle que des interventions avec anesthésie générale. Pendant des mois je n'ai connu d'autres règles que celles des chambres où l'on parle à voix basse et des couloirs où l'on évite de faire du bruit en marchant. Combien de fois ai-je vu affichées au banc lumineux, pour discussion entre experts, les images de mon cœur, mes poumons, mes os, et mon crâne sous tous les angles, aussi net, propre, définitif qu'une tête de mort... J'ai appris le langage des médecins qu'il faut appeler « monsieur » quand ils sont professeurs. J'ai appris qu'on n'emploie jamais le mot « douleur », on parle seulement de « confort », et, pour être encore plus précis, de « problème de confort ». Étonnant euphémisme comme si la Faculté voulait se protéger contre une sensiblerie qui l'empêcherait d'agir. Un grand professeur disait : ce serait si beau la médecine s'il n'y avait pas les malades.

En revanche, l'adjectif « lourd » est très bien vu. Intervention « lourde », traitement « lourd », cela appelle l'attention et force le respect à l'égard de ceux qui les prescrivent comme de ceux qui les subissent. Tous les métiers ont besoin de se reconnaître entre eux et le jargon est un signe de reconnaissance comme le stéthoscope porté autour du cou. Quand l'Armée populaire chinoise avait supprimé les insignes de rang, les initiés reconnaissaient quand même un général à deux stylos dans la poche de poitrine, à un détail de coupe ou de tissu. Un jour, j'avais acheté à Pékin un manteau de l'armée chinoise, et j'avais demandé à Deng Xiaoping à quel grade il correspondait.

« Officier supérieur.

— Et à quoi cela se voit ?

— Vous avez l'air d'un officier supérieur. »

Les malades, malheureusement pour eux, ont assez naturellement l'air de malades. Il faut que les médecins aient l'air de médecins. C'est seulement à un très haut niveau, après une longue expérience et lorsqu'il est doté d'une autorité considérable qu'un médecin peut se permettre de ne pas en avoir l'air. Les médecins m'ont sauvé et ce n'est pas moi qui vais ironiser. La remarque précédente vaut pour toute l'humanité de sexe masculin. Les femmes, elles, savent assez vite qu'elles sont des femmes. Il semble que les garçons mettent une vie entière à essayer de devenir adultes, c'est-à-dire à essayer de se prouver qu'ils sont ce qu'ils sont. Tous, et de loin, n'y parviennent pas.

Au début, j'ai refusé d'être malade. Je n'ai jamais aimé les chevets de lit, jamais admis que la mécanique des organes et réflexes puisse s'enrayer. Après tout, le cœur est un muscle. Il doit faire ce qu'on lui dit de faire. J'ai refusé qu'il refuse. Il a lâché en Afghanistan.

L'hiver 1984-1985 est vraiment la période la plus noire, la plus dure pour la résistance afghane, le moment de ce que Napoléon appelait « le courage de deux heures après minuit ». Quand on est seul, qu'il fait nuit, qu'il fait froid et que l'on ne croit même plus au jour prochain. Un journaliste français, Jacques Abouchar, a été capturé par l'Armée Rouge, puis libéré. Antenne 2 fête son retour. Durant l'émission, on lit un message de l'ambassadeur soviétique au Pakistan déclarant : « La capture d'Abouchar est un avertissement. Le prochain journaliste qui tentera de passer clandestinement la frontière sera abattu sur place. » C'est le texte de la dépêche de l'AFP. Notre correspondant, il me le racontera, a demandé à l'ambassadeur : « Ai-je le droit de vous citer ? » L'ambassadeur l'a pris par le bras et a répondu : « Vous devez me citer. » Les animateurs ont alors demandé aux patrons de presse présents sur le plateau s'ils enverraient tout de même des reporters en Afghanistan. Tous ont répondu par la négative. Trop dangereux. Responsabilité excessive, etc., etc. J'ai aussitôt pris ma décision : j'irai en Afghanistan. Je passerai la frontière. La meilleure et la seule réponse à l'interdiction d'aller, c'est d'aller. A l'interdiction de voir, c'est de voir. A celle de parler, c'est de parler. La barbarie moderne s'appelle l'indifférence.

Le soir du cinquième anniversaire de l'invasion, le 27 décembre 1984, j'ai donc passé la frontière d'Afghanistan dans la montagne, avec un groupe de résistants, trente hommes qui assuraient ma protection et avaient juré que nous ne serions pas capturés. Nous avons attendu des heures et des jours dans des gourbis obscurs où parfois un personnage enturbanné venait nous dévisager, un autre nous apporter une tasse de thé et un bout de galette de pain. La règle était : pas un mot. Silence pour tous. Pour que nous n'ayons pas à répondre et que je n'apparaisse pas comme un étranger. Tous les messages que nous portions ou recevions étaient écrits sur tissu, pour qu'ils ne fassent aucun bruit à la fouille, cousus dans les doublures de nos blousons. Alors qu'un papier, lui, crisse ou craque. Je suis passé à pied, dans la neige, de nuit, déguisé en Afghan. Si haut, près de 4000 mètres d'altitude, là où il n'y avait pas de col. Parce que tous les cols étaient minés. Dans la tourmente, les mulets afghans n'avaient pu franchir une sorte de falaise glacée. Les hommes ont pu. Quelques jours plus tard, bloqués par les mines antipersonnel de l'Armée Rouge répandues par milliers par hélicoptères et même par l'artillerie, nous avons dû de nouveau forcer notre chemin dans la glace et la neige en haute altitude.

A un moment, j'ai ressenti comme un coup de

poignard dans la poitrine, une douleur aiguë, un début d'asphyxie. Si je m'écoutais, si je m'arrêtais, je les mettais tous en danger, je nous perdais. Nous étions pratiquement encerclés, le passage dans la vallée bloqué. On essaya de me porter. Même le colosse barbu qui était plus spécialement mon garde du corps n'a pas réussi plus de quelques mètres. Il faisait trop froid, la pente était trop raide. La neige tombait, couchée par le vent. Nous sucions des glaçons pour ne pas nous déshydrater. J'ai pris sur moi et j'ai réussi à marcher. Je me suis dit : « Non, pas maintenant. Non ! » La douleur a duré un certain temps, terrible, puis elle s'est atténuée. J'avançais comme les autres. Nous avons de nouveau franchi la frontière dans un paysage où tout se confondait dans le blanc et le gris de la tempête, les cimes trop hautes et le ciel trop bas, et où n'existait plus que la trace d'un pas après l'autre.

Quand je suis rentré à Paris, je n'en ai parlé à personne et n'ai vu aucun médecin. Deux mois après mon retour d'Afghanistan, je présidais le conseil général du Cher quand, subitement, je n'arrive plus à respirer. Il a bien fallu que j'accepte d'être hospitalisé à Bourges, puis à Paris. Électrocardiogrammes, tests, coronarographie et le diagnostic : angor de Prinzmetal. Il s'agit d'une maladie des artères coronaires qui se ferment sur un spasme provoqué par la fatigue ou un stress psychologique. Le tabac n'arrange rien. Le médecin m'a dit à l'époque : « Votre espérance de vie est de trente ans ou de trente secondes... » Je suis reparti plusieurs fois avec mes pilules pour l'Afghanistan, où j'avais été chargé par le gouvernement français de la coordination « politique, diplomatique et militaire », jusqu'à ce que je négocie le départ des troupes soviétiques en faisant la navette entre Moscou, Washington, Peshawar, et les commandants de l'intérieur. Dans les années qui ont suivi, je suis parti aussi en mission dans des conditions très dures, au Cambodge, au Liban. Avec un but. L'espoir des autres. La liberté.

De temps en temps, de petites crises, mais jamais sur le terrain. Lors de l'enterrement de ma mère, j'ai ressenti de nouveau la douleur comme un coup de poignard et l'asphyxie terrible qui suit. Puis c'est passé et j'ai repris mes activités. Je vais à New York rencontrer le secrétaire général des Nations unies, Perez de Cuellar, pour organiser des élections libres là où est refusé aux peuples le droit de choisir leur régime, leur vie, leur foi. Je vais en Asie pour renouer le dialogue entre les différentes factions khmères. Je vais en mer de Chine avec la Marine nationale sauver des boat-people et lutter contre les pirates.

Je sortais de deux anesthésies générales et de séances de rayons. Le commandant de la *Jeanne d'Arc,* un ami, essaie de me faire interdire par le médecin du bord de participer aux opérations des commandos embarqués. Sans succès. Je réponds que je n'accepterai que les ordres d'un vétérinaire. Parce que je suis une bête. Et comme la Marine nationale n'a pas de vétérinaire... Nous devons, de nuit, descendre une échelle de corde à flanc de bateau pour embarquer dans un canot pneumatique et aller vérifier un pêcheur suspect. J'enjambe la rambarde pour saisir l'échelle et, au premier échelon — c'est haut, le pont d'un croiseur —, de nouveau je sens la douleur fulgurante qui démarre. Je me dis : « Non ! Plus tard. Pas maintenant. » Et la douleur attend.

Elle me retrouvera. Quand on vous enlève une partie du poumon, il faut découper le thorax et l'ouvrir pour que le chirurgien puisse y passer ses deux mains et travailler. Par définition, ce sont des cicatrices que l'on ne peut pas immobiliser puisqu'il faut respirer. Cela fait si mal qu'il faut parfois s'obliger à respirer. La leçon est : vivre, c'est survivre.

Autrement. Il y a eu, il y a encore, cette peur diffuse et permanente, comme un froid dans la colonne vertébrale, qui est celle de l'annonce des maladies mortelles, et qui est assez étrangement comme la peur diffuse et permanente que l'on ressent dans la clandestinité. Pourquoi suis-je là ? Qui m'a trahi ? Le doute omniprésent sur soi et sur les autres, sur la vie et la mort. Doute qui, à l'hôpital, se prolonge des années avec les craintes de récidive, les contrôles répétés et périodiques. On passe du scanner à l'IRM, à la scintigraphie. Chaque fois il faut une séance de plus, un cliché supplémentaire pour être sûr. Mais on n'est jamais sûr. Les autorités médicales commentent les clichés et concluent à la nécessité d'un nouvel examen, plus tard. Attendons. La vie comme une attente.

Les salles où l'on subit les traitements par rayons sont assez démoralisantes. Une cave est une cave. Le souci d'y placer des plantes vertes, achetées sur crédits dits d'humanisation, n'y change pas grand-chose. Je me rappelle un malade couché sur son brancard et qui fumait en attendant sa séance de rayons. Dans la salle d'attente, des voix fusaient : « Il est fou ! Empêchez-le. » D'autres disaient : « Qu'a-t-il à perdre ? Laissez-le faire… » Finalement, on lui a laissé sa cigarette, mais on a tiré son chariot à roulettes dans le couloir. Je suis entré à mon tour. On m'a tatoué en deux endroits. Le praticien a précisé : « Indélébile. Comme ça, en cas de récidive, on gagne du temps. » Les marques sont toujours là. Il ne faut pas abandonner.

On vient de m'hospitaliser quand George Shultz, le secrétaire d'État américain, demande à me voir d'urgence. On lui répond : « Jean-François Deniau est entré à l'hôpital. Cancer. Il va être opéré. Intervention lourde. » Je suis opéré le jeudi. Il demande à m'envoyer le samedi son directeur de cabinet pour me consulter sur l'Afghanistan avant sa rencontre avec le ministre soviétique des Affaires étrangères, Édouard Chevardnadze, qui doit avoir lieu le mardi matin à Washington. Les médecins refusent. Je suis en salle de réanimation. Discussions et transaction pour le lundi matin. Avec un aller et retour en Concorde cela peut aller. Je reçois donc le représentant de Shultz en salle de réanimation quatre jours après mon opération, percé par une multitude de tuyaux. Il y a des écrans de contrôle un peu partout. J'ai l'impression d'être soumis à des batteries de détecteurs de mensonge ! Je donne les bases d'un accord possible et réponds aux questions. Une fois, les médecins nous interrompent pour une piqûre, et une pause de dix minutes. Puis la conversation reprend, technique, politique, militaire. Je parle au nom des commandants de la résistance, avec qui j'ai été au combat et que je connais bien. L'Américain questionne encore. C'est le retrait des troupes soviétiques d'Afghanistan et ses conditions que nous sommes en train de trancher, moi sur mon lit d'hôpital, lui prêt à sauter dans son avion. Ce soir, il sera à Washington. Demain, un pas important sera franchi avec le ministre soviétique, un espoir fragile de paix et de liberté. Dans mon lit, j'aurais un peu oublié de souffrir pendant quelques heures.

Un autre traitement de choc pour lequel j'ai accepté d'être cobaye, ajouté à l'effet des radiations, m'a fait perdre le contrôle de mes jambes en provoquant une atteinte de la moelle épinière. On a craint un moment la petite voiture. De nouveau les médecins ont dit : « Il va falloir travailler comme une bête pour sauver vos jambes. » J'ai travaillé comme une bête. Je tombais pour me relever. Je m'appliquais dans mes exercices. A un moment, j'ai aussi perdu ma voix et le ministre des Affaires étrangères s'est moqué de moi à l'Assemblée nationale. Après l'Afghanistan, le Cambodge, l'Érythrée, l'Angola, le Nicaragua, le Liban de nouveau, je suis parti pour le Kurdistan, la Croatie, Dubrovnik. Certains ont dit que j'avais la bougeotte. C'est vrai : mes jambes, il fallait les bouger. On meurt parce qu'on arrête de lutter. Le président Houphouët-Boigny, grand sage africain, m'a dit un jour cette phrase extraordinaire : « Il n'y a pas de mort naturelle. »

Bien sûr, je ne suis plus le même, on ne peut plus être le même. Trop de souffrances physiques, trop d'attente derrière les murs de béton, trop de panneaux isolants au bout de trop longs couloirs souterrains. Comme dans une initiation, on est sorti du monde dans l'espoir d'y entrer. On a traversé le miroir. Cette atmosphère hospitalière si « à part » vous éloigne d'abord des vivants, même si le but est de vous ramener parmi eux. Je me sentais en sursis, comme si, mon nom inscrit sur un tableau, j'allais être appelé, avec cette bizarre impression de jouer les prolongations. Jusqu'à quand ? Et pourquoi ?

C'est le pourquoi qui compte. Désormais, encore moins sûr de mon existence, j'ai eu envie de me consacrer davantage aux êtres et aux événements qui, à mes yeux, en valaient la peine. Il y a ainsi des préoccupations, et un certain jeu politique, que je n'arrive plus à prendre en considération. J'ai perdu, sans le regretter, tout intérêt pour le vocabulaire de réunions publiques. Cela m'a aussi éloigné de quelques amis qui n'étaient que des relations. Le tri s'est fait de lui-même. Quand j'ai pu de nouveau sortir et agir, je suis reparti en mission dans les maquis, aider des résistants. Rien à voir avec les pensées suicidaires qu'on me prêtait. J'ai entendu par hasard, un jour, dans un congrès politique, deux de mes collègues qui ne savaient pas que j'étais juste derrière eux, dire : « Ce pauvre Deniau, pour en être réduit à faire ce qu'il fait, il faut vraiment qu'il n'ait plus aucun espoir. » Non. C'est le contraire. J'avais découvert mieux que l'espoir : la volonté d'espoir. L'espérance.

Écrire a été aussi, pour moi, une façon de survivre et donc d'exister. Trois romans en trois ans. Les ongles et les cheveux continuent de pousser après la mort. Eh bien ! les livres c'est pareil : ils vous prolongent. La nuit, sur mon lit d'hôpital, je me racontais des histoires, mélange de souvenirs et d'invention. Je demandais aux infirmières de m'installer les perfusions sur le bras gauche pour pouvoir me servir de ma main droite et écrire. Toute la nuit, je partais dans mon histoire. Je la vivais. Je vivais. La douleur est-elle un aiguillon pour écrire ? Non. Plutôt le sentiment à peine supportable d'être vraiment mortel. Avant, ailleurs, on le sait mais sans le croire. Même à la guerre, il est permis de douter. Pas à l'hôpital. Alors il faut dire non.

Bien sûr, il y a un moment où la force de lutter fait défaut. Pendant des siècles, dans nos campagnes, pour signifier qu'en ce qui le concernait le combat de la vie était terminé, le mourant simplement se tournait vers le mur. Mais le moment où tout paraît désespéré, c'est celui où tout devient utile. Le moindre mot, le moindre pas, le moindre geste. Simplement se forcer à respirer. C'est comme dans la Résistance. Dans un maquis, pour survivre, il faut des armes et des vivres. Mais autant que de vivres et d'armes, il y a besoin d'espoir. On a besoin de savoir que d'autres savent. Que d'autres connaissent votre combat perdu dans la jungle ou la montagne.

Lors de ma première mission en Afghanistan avec Alain Boinet, j'avais réuni les commandants et les notables d'une région. Dehors, l'hiver, la guerre. A l'intérieur, autour d'un feu creusé dans le sol, chacun assis par terre ou adossé aux murs de pierre sèche. Les combattants ont posé devant eux leur kalachnikov qu'ils ne quittent jamais, les anciens leur parapluie noir, signe de leur respectabilité, qu'ils ne quittent jamais non plus, même à 4 000 mètres d'altitude. Plutôt, dans les deux cas, oublier son pantalon.

Discussion générale. Les nobles étrangers doivent-ils en priorité apporter des armes, des vivres, ou l'argent qui permet de les acheter ? Le ton monte. Des sages à la barbe blanche s'insultent. Afghanis, farine ou munitions ? Quand je pars pour franchir la frontière, pendant que le convoi se reforme, que l'un charge son sac et que l'autre passe la bretelle de son arme, l'un des vieillards court vers moi et m'embrasse, il me serre dans ses bras et me dit : « Reviens. Même les mains vides, mais reviens. » Il n'y a pas d'espoir dans le silence des autres.

***

L'information moderne est ainsi faite que le journal du soir à la télévision a tendance à mettre sur le même plan, dans la même demi-heure, un drame spectaculaire de l'euthanasie en banlieue, un massacre organisé par un système politique en Asie, une catastrophe naturelle en Amérique latine. Chacun de nous, dans nos pays riches et développés mais touchés par la crise, a ses problèmes personnels d'emploi, de santé, familiaux... Dans toutes nos préoccupations quelle place peuvent prendre les problèmes des autres si ce n'est, à la longue, la vague impression qu'il y a seulement un problème, sans distinction d'origine ni de gravité, sans précision des responsables : la nature ou les hommes ? Devant tant de drames et d'horreurs, est-ce le cas individuel affreux qui va frapper le plus parce qu'il reste à dimension humaine, avec un nom et un visage, ou la tuerie anonyme de masse ? Mais alors combien de milliers ou de millions de morts faut-il pouvoir citer ? Et quand l'horreur dure, ce n'est pas une raison pour en parler davantage, c'est une raison pour l'oublier. Parce qu'on s'habitue à tout. Parce que ce n'est plus une « nouvelle ».

Il y a dix ans, un chef de la résistance érythréenne est venu me voir chez moi. Il m'explique qu'il a cherché à me joindre souvent mais que mon cabinet et mon secrétariat faisaient barrage quand j'étais ministre. Un ministre ne doit pas rencontrer un rebelle... Il me dit seulement d'un ton calme, sans reproche : « Aidez-nous en parlant de nous. Plus personne ne parle de nous. Cela fait trop longtemps que nous nous battons. Vingt-trois ans. »

J'écoute ce commandant érythréen. Je pense qu'un combat clandestin qui dure depuis vingt-trois ans suppose quelques qualités exceptionnelles et doit correspondre à des motifs sérieux, et je réponds, comme par un réflexe : « Si vous voulez que je parle de vous, il faut que j'aille avec vous, chez vous. »

C'est lui qui est très étonné et il me dit :

« Mais, monsieur le Ministre, le maquis en Éthiopie, c'est pire que la face cachée de la lune.

— Alors, allons sur la face cachée de la lune : c'est la seule façon d'avoir une chance d'en parler bien. »

En 1952, l'ONU avait rattaché à l'Empire éthiopien l'ancienne colonie italienne voisine, l'Érythrée, terre de désert absolu le long de la mer Rouge, de savanes pastorales, de montagnes grandioses et déchiquetées. Solution « raisonnable » pour les experts et diplomates, mais sans consultation de la population qui prend les armes. En 1974, un coup d'État militaire de gauche balaie à Addis-Abeba le pouvoir chancelant du vieil empereur. Parmi les revendications des soldats éthiopiens mutinés, celle de ne plus cirer les chaussures de leurs officiers, certes, mais aussi celle de ne plus risquer de mourir loin de chez eux et sans sépulture... A la tête du nouveau pouvoir, le colonel Mengistu opte pour Moscou et la continuation de la guerre. Les Soviétiques n'hésitent pas. Ils laissent sur-le-champ tomber leurs « camarades » d'Érythrée pour jouer à fond Addis-

Abeba. Aux échecs, une case centrale vaut davantage qu'une case de flanc.

A l'automne 1977, Érythréens des différents mouvements de résistance et officiels éthiopiens sont convoqués ensemble à Berlin-Est. Le patron de l'Allemagne de l'Est, Erich Honecker, leur fait savoir officiellement qu'il est mandaté par l'ensemble du monde soviétique, URSS et Cuba notamment, pour mettre fin au conflit. Il conseille aux Érythréens de céder. Sinon « il ne vous restera pas même l'ombre d'un arbre pour vous protéger ». Les Érythréens ne cèdent pas. Pendant que se déroulent ces palabres en langue de bois, l'URSS réarme massivement l'armée éthiopienne, y compris d'obus chimiques, et envoie des milliers de « conseillers », Cubains, Allemands de l'Est, Soviétiques eux-mêmes. Trahis, les Érythréens, marxistes contre Marx, ne cèdent toujours pas. Ayant perdu les villes et les plaines, ils se réfugient pour continuer la lutte dans ce qui leur reste : la nuit.

Pour les rejoindre, je passe d'abord par Port-Soudan sur la mer Rouge. Des jeeps Toyota prises à l'armée éthiopienne m'emmènent dans une banlieue indéterminée de Souakin, ancien port turc abandonné depuis deux siècles où les ruines des palais sont peuplées de chèvres grignotant des emballages en carton que le vent fait voltiger. Il n'y a bien sûr ni nom de rue, ni plaque, ni adresse. Seulement dans un lotissement fantôme un immeuble de quatre étages dont le toit porte une antenne de radio un peu plus haute et qui abrite les blessés et surtout les amputés qui ont sauté sur une mine. Deux jeunes Françaises de Médecins sans Frontières, aussi discrètes qu'efficaces, soignent et forment.

Des partisans anonymes nous dressent des lits de camp, nous servent du thé, nous disent d'attendre. Même si le soleil de la mer Rouge est au zénith et nous écrase, le pays de l'ombre a commencé.

Encore deux jours de piste dans le sable et les pierrailles, entrecoupés de haltes dans des maisons de terre aux murs aveugles écrasés de chaleur, où d'autres hôtes anonymes nous servent le même thé et les mêmes galettes sans levain. Des campements endormis où seuls brillent dans les phares les yeux de centaines de chameaux. Parfois la rencontre d'un cavalier arabe portant un sabre pour montrer qu'il est noble. Des esclaves noirs dont les bracelets de pied tintent poussent des troupeaux. Des marchés en plein air, où des loqueteux à grande allure vendent le sucre au morceau et l'allumette à l'unité en mâchonnant du khat. Au soleil couchant, le désert passe du rouge au violet. Puis la nuit. Tous feux éteints, nous attaquons la montagne dans une gorge altière. Les falaises cachent les étoiles. Les roues patinent au bord du précipice. Pas de phares pour ne pas attirer l'attention de l'aviation. Des heures encore cahotés par les trous et les pierres à côtoyer le vide. Les jeeps s'arrêtent.

Devant nous, une haute vallée de rocs et d'épineux brille sous la lune réapparue. C'est la frontière. Le col a été pris il y a quelques jours par les maquisards du Front. Mais un commando de l'armée éthiopienne vient de le miner. Il faut traverser à pied le champ de mines. Nous avançons pas à pas, l'un après l'autre, dans le silence et le froid. Avec de longues et fines lames, le sable est sondé. Pas un bruit. Chacun retient sa respiration comme si ce souffle retenu pouvait prévenir l'explosion. Quand une mine est repérée par le premier, le second de la file l'entoure d'un cercle d'épines pour marquer la place. On l'enlèvera demain, plus tard. En regardant derrière nous, le col est comme un jardin municipal parsemé de petites clôtures rondes qui forment des bouquets.

De l'autre côté du col, un autre convoi de jeeps nous attend. Tous feux éteints. Royaume de la nuit. Le jour les avions soviétiques Mig et Antonov maîtrisent le ciel. Il faut vivre dans l'obscurité, vivre sous terre ou après le soir. Écoles, hôpitaux, dépôts de vivres, d'eau, d'essence sont enterrés. A la tombée du jour, les combattants sortent des cavernes, des grottes, des gorges que le soleil n'atteint jamais.

Ils ont inventé une cérémonie impressionnante. Au lieu de respecter comme on le fait chez nous une minute de silence après la guerre, devant les monuments aux morts, pour penser à la mort des autres, ce sont les vivants sous les armes, avant l'assaut, tête nue, qui se recueillent un moment pour penser à leur propre mort. Pour penser au sens de leur lutte, abandonnés par les Grands, perdus dans leurs rocs et leurs déserts depuis vingt-trois ans. Sans espoir. Pour l'espérance.

« Il va loin celui qui est déjà las », dit un proverbe irlandais. Mais il va loin aussi celui qui a décidé qu'un jour on ne l'oublierait pas. Pearse, le poète qui participa à l'insurrection patriotique de Pâques 1916, à Dublin, et fut exécuté par les Anglais, après avoir présidé une république irlandaise qui ne dura que quelques jours, avait écrit :

Et je dis à mon peuple vous ferez comme moi :
Vous risquerez tout pour ne pas perdre tout.

⁂

Un soir, il y a longtemps, quand j'étais très jeune, perdu dans un poste de jungle sur les hauts plateaux indochinois, un simple rond de palissade protégé par des pointes de bambou, dans le cercle noir de la forêt, j'ai entendu ordonner mon enterrement. Blessé, malade, j'étais plongé dans un coma paludéen, ce qui n'exclut pas de brefs moments de totale lucidité. Je me souviens encore du dialogue à côté du lit de camp où je gisais, dans une paillote où la lampe tempête posée sur le sol faisait danser des ombres immenses. Le sergent-infirmier dit :

« Il ne passera pas la nuit. »

Le lieutenant répond :

« Tu écriras à la famille. Les formalités administratives m'ont toujours emmerdé. »

Le lendemain, j'avais retrouvé mes esprits et j'étais parti. Pas en bon état, mais parti. Marchant, tombant dans la boue, continuant à quatre pattes, marchant de nouveau. L'espérance commence avec le refus de désespérer. Comme le courage, la vie, l'honneur des hommes, la gloire des nations : avec la capacité de dire non.

⁂

Parfois j'ai eu le sentiment de me battre contre l'Histoire, ou plutôt contre ceux qui prétendent connaître le sens de l'Histoire, et donc sa fin.

Alors que le monde communiste s'effondre, qui pense encore aux ouvriers allemands qui se soulevèrent à Berlin-Est en 1953 et furent écrasés par les chars russes ? Combat inutile, absurde, condamné, dirent à l'époque les commentateurs autorisés. Et de combien d'autres combats et de combien d'autres morts... Mais qui peut oser dire qu'une mort est inutile ? Alors il faut se battre. Je pense à tous les inconnus, fusillés, torturés ou seulement tombés d'épuisement. Alignés contre les murs, poussés dans les chambres à gaz, entassés dans les fosses, abandonnés sur les bas-côtés des chemins. Par milliers, par millions. Ils n'ont pas de nom, ils sont perdus même dans notre mémoire. Mais notre vie est faite de la leur.

Je ne sais pas la fin de l'Histoire. C'est notre honneur à nous humains. Ma seule conviction est que la fin peut dépendre de chacun de nous, et, pour chacun de nous, de chacun de ses gestes. De ce salut échangé et de ce pain rompu. De ce pas après ce pas dans les pas précédents. Tout paraît inutile et rien n'est jamais perdu. Oui, que le Seigneur de l'Aube fasse que demain se montre le soleil. Nous ne pouvons rêver plus loin. Dans ce monde si dur, pour tous à tout moment il est deux heures après minuit. L'heure où les maréchaux de l'Empereur ont peur. Parce que tout le monde a peur, parce qu'il fait nuit, qu'il fait froid, qu'on est seul.

Réveillez-vous, compagnons ou camarades, ou frères que je ne connais pas. Que votre main dans l'ombre en trouve une autre. Soufflez sur les cendres, le feu n'est pas éteint. Nous attendrons le jour ensemble.

III

LE COURAGE

« Le courage s'entretient,
comme les fusils. »

La seule vertu qui ne puisse pas être contrefaite, qui ne permette pas l'hypocrisie : « On ne peut pas faire semblant d'être courageux », disait Napoléon.

Personne ne peut non plus dire qu'il n'a jamais eu peur. Il y a seulement des degrés dans la conscience ou l'inconscience du danger. Il y a aussi, comme pour la douleur, une possibilité d'organisation dans le temps, une sorte de priorité à établir parce que le but et la mission l'emportent ou parce qu'il faut de toute urgence s'occuper des autres. On peut dire à sa peur : « Pas maintenant. Plus tard. » Parfois elle obéit.

Parfois, au contraire, elle frappe sans prévenir. Un ami avait fait l'erreur de coucher deux nuits de suite dans le même endroit. Erreur grave dans la clandestinité puisqu'elle donne le temps de parler et aux adversaires d'entendre, puis de monter une opération. Le matin de la deuxième nuit, mon ami est réveillé par un bruit vague et une appréhension qui le font sauter au bas de son lit et sortir voir ce qui se passe. Le village où il a dormi une nuit de trop est encerclé. Il est paralysé par la peur. Ce n'est pas une métaphore. Physiquement, il ne peut pas bouger une main, un pied ; il est tétanisé, cloué sur place. Il sera sauvé par un enfant qui fuit en courant, le bouscule, le fait tomber et c'est dans sa chute seulement qu'il dominera sa peur, retrouvera sa capacité de mouvement et se sauvera.

Le courage physique, si mystérieux, si aléatoire, est une sorte de don que Dieu vous donne ou vous reprend, et n'a rien à voir avec la taille ou la force. Avec l'expérience, c'est plus difficile à dire. Parfois, il vaut mieux avoir déjà connu le danger. Parfois il vaut mieux être en terre inconnue.

En Espagne, quand j'y étais ambassadeur de France, je me suis trouvé un jour invité à une *tienta,* corrida privée où l'on essaie les mères des taureaux pour tester leur bravoure (les mères seules donnant à la race ses qualités héréditaires). J'étais un tranquille spectateur jusqu'au moment où je me suis vu moralement obligé de descendre dans l'arène, le public m'y ayant convié aux cris répétés de : « *El Embajador. El Embajador !* » La fierté nationale était en jeu.

Je fais à la cape à peu près ce qu'il convient de faire. Olé. Le public très content crie : « Contre la barrière ! » Soit, contre la barrière. Olé. Le public crie : « Avec la muleta ! » Soit, avec la muleta. Olé. Le public crie : « De la main gauche ! » Soit. Olé. Etc. Ayant ce soir-là une bonne dose de chance et animé par je ne sais quel démon, je finis porté en triomphe à dos d'homme autour de l'arène.

Carmen Ordoñez, sœur, épouse et belle-mère de toreros célèbres, me dit : « Tu es l'homme le plus courageux que j'ai vu. Je veux mettre ma main sur ton cœur pour voir s'il bat. » Je lui réponds : « Carmen, si tu mets ta main sur mon cœur, il battra sûrement. » Tout ce dialogue, bien sûr, est très espagnol.

A ce moment, un péon, tout gris, tout maigre, tout triste, l'obscur éternel second ou plutôt troisième dans la suite des vedettes de la gloire, dit, entre ses dents, mais assez fort quand même pour que je l'entende : « C'est facile d'être courageux quand on ne connaît pas. »

On n'arrête jamais de prendre des leçons. Alors que j'en suis à seize ou dix-huit passages clandestins de frontières (je préfère ne pas trop compter), je ne sais plus s'il vaut mieux connaître ou ne pas connaître. J'ai seulement pu vérifier ce que m'avait dit aussi Carmen Ordoñez en parlant des quelques minutes qui précèdent l'entrée dans l'arène : « C'est le moment où la barbe pousse plus vite. » Même si le soleil vous écrase, le froid dans les os est pareil et la barbe pousse plus vite dans l'attente du passeur inconnu, pendant la dernière heure avant l'assaut. On ne s'habitue pas. Alors Kipling recommandait de « toujours prendre le maximum de risques avec le maximum de précautions ». Ma mère disait, avec une pointe d'humour irlandais : « *If you can't be good, be careful*[1]. » Et mon frère aîné, qui fut mon premier maître de guérilla : « Il faut rester debout. Si on se couche dans un trou, on sera prisonnier de son trou et de sa peur. Si on reste debout, on bouge, on agit, on réagit, on est libre. »

Le vrai courage commence quand on connaît, qu'on a peur et qu'on domine sa peur. Il n'est pas dans les bras ou les jambes, il est dans la tête et surtout dans le cœur.

1. « Si vous ne pouvez pas être sage, alors soyez prudent. »

C'est pour cela d'ailleurs qu'il s'appelle courage. Le cœur, comme tous les muscles, s'entraîne.

Il ne s'agit pas d'organiser des cours d'héroïsme avec brevet homologué, inspecteurs départementaux, régionaux ou nationaux, points d'ancienneté et un statut spécial de plus dans la fonction publique s'ajoutant aux deux mille existants, comme la tendance française pourrait y pousser. Je n'aime pas non plus la vogue des épreuves dites d'audace, auxquelles paraît-il on soumet dans les entreprises les cadres soucieux de leur avancement, du genre saut dans le vide suspendu par les pieds à un élastique, pas plus que je ne goûte vraiment les démonstrations des professionnels du risque que le public regarde à la télévision le soir après dîner. Tout ce qui est fabriqué est excessif, en un mot artificiel, n'a rien du vrai courage qui est de savoir faire face à un danger non souhaité mais accepté et le plus souvent imprévu. C'est la surprise qui fait peur. C'est l'inattendu que l'homme supporte le moins bien.

Souhaitons que l'État et la société ne donnent pas l'exemple et l'entraînement contraires : ceux de l'absence de courage. Je suis frappé de voir à quel point le moindre risque physique ou naturel devient une excuse. (« Je ne suis pas venu, la météo annonçait du verglas... ») A quel point nous laissons se développer une sorte de peur collective de tout ce qui pourrait être une menace ou même un changement. Le moindre excès de pluie ou de neige, de vent, de froid ou de chaleur, provoque une sorte de réaction apeurée qu'entretiennent les médias. Certes les catastrophes font de bons titres, mais certains jours la dramatisation est abusive pour 40 centimètres de montée des rivières ou

6 degrés de température en trop ou en moins ! Elle habitue le public à l'idée qu'il est normal de ne plus rien supporter.

Je m'en inquiète parce que la lâcheté physique précède la lâcheté morale et y conduit. Mettre sur le même plan le brouillard qui bloque une autoroute un jour de départ en vacances scolaires et l'évocation de la déroute de juin 40 entraîne à l'esprit de déroute.

Il y a des années, j'avais participé à une émission sur une station de radio très connue, où l'invité était censé diriger le journal. L'habitude était que les professionnels encadrent assez soigneusement l'invité et trient les dépêches qui arrivaient à la rédaction. Je change cette habitude et demande à les voir toutes. Le « vrai » rédacteur en chef me dit à un moment : « Celle-là ne vous intéresse sûrement pas, il s'agit des abandons d'animaux domestiques les veilles de week-end. » Et je lui réponds : « Celle-là m'intéresse particulièrement. On commence par abandonner les chiens et les chats parce qu'ils vous gênent et puis vous verrez qu'on abandonnera les personnes âgées et les bébés pour ne pas gâcher son week-end. » Et j'en fais le sujet principal du journal.

L'expérience devait malheureusement confirmer mon pessimisme. La courbe d'entrées des vieillards et des enfants en bas âge dans les hôpitaux le vendredi soir sous des prétextes médicaux variés, en réalité pour s'en débarrasser deux jours, n'a fait que s'accentuer. Ce refus d'affronter toute responsabilité s'étend à l'ensemble des mœurs, y compris politiques. Il y a toujours eu des « affaires ». Mais le racket et la corruption comme système, c'est un autre signe, avec des conséquences. La règle devient l'anti-règle. Ne pas « profiter », l'exception. D'abord on a peur de passer pour un imbécile, et puis on a peur tout court.

Pendant la guerre du Golfe, on vit se développer une sorte de panique discrète. Quelques commentaires alarmistes en haut lieu ou à la télévision suffirent pour que des armureries soient dévalisées dans la crainte d'une guerre civile qui jetterait les musulmans immigrés contre les Français. Pendant ce temps, des maires multipliaient les démarches auprès des ministères pour savoir s'ils devaient, et ce, plusieurs mois à l'avance, supprimer les classes de neige et autres manifestations scolaires comportant des déplacements, par crainte d'attentats dans les moyens de transport. La palme, si j'ose dire, revient sans doute à un de mes collègues de l'Assemblée nationale qui, très sagement, avant le vote du 16 janvier, me dit : « Pourquoi nous demander de dire oui ou non alors que nous avons la chance d'être dans l'opposition et donc de pouvoir attendre de voir comment cela tournera ? »

Les Français valent mieux que cela. Lors de la vague d'attentats terroristes en 1986, non seulement il n'y eut aucune panique, non seulement le public a parfaitement accepté les disciplines nécessaires, mais il était même assez fier de participer à leur exercice. On vit d'ailleurs plusieurs cas individuels de courage tout à fait remarquables.

Néanmoins, je crois que tous les gouvernements français ont toujours été beaucoup trop faibles à l'égard du terrorisme, en partant de cette idée que l'opinion publique « ne le supporterait pas » et, surtout, en rendrait responsable le gouvernement, ce qui ne serait pas bon pour les élections à venir... Et si c'était le contraire, si c'était le courage qui était électoralement bon ?

Depuis des années, les Anglais doivent faire face à des attentats meurtriers. Cela n'a pas fait l'objet d'une contestation politique, chacun ayant compris, en tant que citoyen responsable, que le terrorisme est une sorte de chantage et que le plus important face à un maître chanteur est de ne pas commencer à céder. Mme Thatcher n'a jamais été aussi populaire que quand elle a déclenché une opération militaire, très coûteuse en hommes et en moyens, pour le seul respect d'un principe qui est de ne pas céder devant un fait accompli.

Dans le comportement public et dans le langage officiel, il serait temps qu'en France on refuse l'exemple assez détestable de l'abandon du combat avant que celui-ci n'ait commencé.

***

Le courage physique n'est qu'un entraînement à d'autres formes de courage, plus élevées et souvent plus difficiles. J'aime bien les histoires de survies prodigieuses parce qu'elles comportent toujours une leçon et parce que la force ou les circonstances matérielles n'y sont jamais prédominantes.

En mer, certes la température de l'eau ne peut être négligée et la survie se compte en minutes quand elle avoisine zéro degré. Mais combien compte ce qui ne se compte pas : la volonté, la discipline, le courage.

Lors du torpillage du navire amiral argentin pendant la guerre des Malouines par un sous-marin britannique une nuit au large du cap Horn (il faut imaginer un instant ce que peut être la nuit au large du cap Horn !), il n'y eut pas d'autres disparus que les marins directement atteints par l'explosion de la torpille. Les autres, plus d'un millier, chacun sachant ce qu'il avait à faire et le faisant, furent sauvés. En revanche, dans un autre naufrage célèbre, celui du trois-mâts *Pamir,* navire-école allemand, on retrouva dans les chaloupes, donc en théorie qui auraient dû être sauvés, des dizaines de cadets morts de froid, de peur et du sentiment insupportable d'avoir été abandonnés au froid et à la peur. Comme le disait le docteur Bombard, on meurt en mer d'abord de désespoir. On vit parce qu'on veut vivre. Il faut aussi de la chance. Elle se mérite.

Un jeune enseigne de la marine marchande anglaise prend son quart à minuit sur un cargo qui traverse le Pacifique. Il sort de l'abri de la passerelle pour prendre l'air, s'appuie à l'arrière sur le bastingage, bascule et tombe dans la mer. Il est environ minuit dix et, seul dans l'océan, il voit le cargo qui poursuit sa route dans la nuit sur pilote automatique. Il estime raisonnablement qu'on ne constatera sa disparition qu'à quatre heures du matin au moment de la relève. A ce moment-là le commandant fera fouiller le navire ce qui prendra bien vingt minutes. Il sera donc à peu près quatre heures et demie. En nageant seul dans la nuit en plein océan, le jeune homme se dit qu'il connaît le commandant et que le commandant, constatant qu'il n'est plus à bord, n'hésitera pas. Dans la minute, il donnera l'ordre de faire demi-tour et de revenir pour le rechercher. Mais la mer n'est pas un champ qui se laboure, le sillon s'appelle un sillage et ne laisse pas de trace. Il n'y a pas une chance sur un million pour que le cargo revienne exactement au point où l'homme est tombé à l'eau. Néanmoins, il calcule qu'il sera donc 4 h 32 quand le commandant prendra sa décision et fera demi-tour, il faudra donc encore quatre heures trente-deux minutes pour que le bateau soit revenu jusqu'à lui. Il sera donc à ce moment-là 9 h 14 du matin. « A 9 h 15 si le bateau n'est pas là je me laisse couler. » Et en attendant, pour se maintenir en vie dans la mer et la nuit, il se raconte sa vie passée. Année après année, les rencontres, les joies, les peines. Il s'oblige à reprendre le compte de ses amours, à retrouver les prénoms de ses cousins au deuxième degré, à réciter sa table de multiplication. Pour croire encore à la vie et survivre. A 9 h 13, le bateau est là et le récupère.

Le premier courage est d'abord de ne pas abandonner. Puis prend la relève un autre courage que l'on pourrait appeler celui de la *logique héroïque*. Il n'y a pas que des exemples solitaires. Pour rester dans les cas de survie en mer, je place aussi haut celui des trois aviateurs américains abattus en 1944 par les Japonais : ils se retrouvent dans l'océan avec seulement un canot pneumatique à deux places. Tout de suite, ils s'organisent. Pendant plus de deux mois, avant d'être repérés, ils alternent, deux dans le dinghy, un nageant accroché au dinghy de l'extérieur. Toutes les heures, on tourne. Avec une épingle double ils fabriqueront un hameçon. Avec les fils de leurs blousons des lignes. Pour boire, la pluie. Deux mois et demi à tourner ainsi, l'un dans l'eau, deux à bord. Quand on a commencé à vouloir survivre, on continue.

Quels risques, et jusqu'à quel niveau, une société

comme la nôtre peut-elle encore admettre ? Et ceux qu'elle refuse absolument ? Le chômage, la maladie, la vieillesse ? L'accident, l'insuccès ? A 80 ou à 100 % ? Le manque de neige pour les vacances d'hiver ? L'absence de soleil pour les vacances d'été ? Les grands de ce monde avaient bien, à Yalta, partagé les pays d'Europe en pourcentages d'influence. Tant pour les Soviétiques, tant pour l'Ouest... Et pour la vie, comment partage-t-on ?

Dans une réunion de travail, chargé de rédiger un programme, j'avais suscité la colère de plusieurs théoriciens du libéralisme parce que j'étais pour la budgétisation de toutes les prestations familiales. Avoir des enfants n'est pas une maladie contre laquelle on s'assure. Encourager la démographie peut (et doit) être une politique nationale au même titre que les affaires étrangères, la défense ou la Francophonie...

Erreur grave, me fut-il répliqué. Confier ce soin à l'État est reconnaître l'abandon des responsabilités personnelles et familiales. On commence en donnant une indemnité par naissance, on finit en nationalisant l'industrie des couches-culottes ; en passant, comme dans le projet socialiste de 1980, par la « socialisation » des enfants dès l'âge de deux ans... Je persiste. Je suis pour le courage, pas pour le risque sans précautions.

Le problème le plus délicat est donc celui de la dérive des garanties. Comment éviter que des objectifs de progrès social, impliquant un consensus avec des syndicats réformistes, aboutissent au « toujours plus » et à une situation bloquée, voire à une dégradation économique grave et durable, avec recul social (c'est sous le gouvernement travailliste anglais que la baisse du pouvoir d'achat des travailleurs a été amorcée) ; aboutissent encore à des habitudes d'État-providence multipliant règlements et circulaires, réduisant tout système d'obligations et sanctions sans lequel, comme le disait Kant, il n'y a pas de morale. Ou encore, comment éviter de glisser de l'État protecteur à l'État carcan ? Du nécessaire filet qui protège à la nasse qui emprisonne ?

Au début des années 60, dans un dîner à Bruxelles, je m'étais trouvé à côté de Mme Fourtseva, ministre de la Culture de Khrouchtchev, communiste très convaincue et représentante assez typique de la haute nomenklatura soviétique : celle qui avait le droit de voyager et parler. Elle me demande, après m'avoir interrogé sur mes fonctions, de lui expliquer le Marché commun européen. J'explique. Quand je parle des objectifs, de l'unité européenne et d'entente franco-allemande, elle paraît vraiment inquiète, presque crispée. Quand je décris les principaux mécanismes économiques libéraux prévus pour y parvenir, son visage s'éclaire d'un coup.

« Ça ne peut pas réussir.

— Mais pourquoi ?

— C'est trop cruel. »

Il faudrait, en chaque domaine de risque, définir des niveaux de protection, l'indispensable et le complémentaire, avec des règles différentes. En améliorant l'égalité des chances au départ mais aussi en favorisant cette notion si belle et nécessaire, admise plus ou moins dans les vies personnelles, encore largement ignorée dans la société : celle de la deuxième chance. En suscitant des contre-pouvoirs suffisamment actifs. Toutes les utopies se fondent sur le rôle prééminent de l'État et des réglementations de la société. Il n'y a pas d'utopie libérale. Il faudrait que nos systèmes puissent être toujours mis en cause dans leur direction générale comme sur un point particulier, par la liberté. La démocratie a une loi : la vulnérabilité des pouvoirs.

***

Le courage, en politique, est d'abord d'avoir le courage de ses opinions.

Au moment de Munich, l'opinion publique en Angleterre et en France est pour la paix. Daladier est acclamé par la foule quand il rentre à Paris après avoir signé avec Hitler l'accord marquant l'abandon de la Tchécoslovaquie. Il pense : « Les imbéciles. »

S'il y avait eu un sondage à l'époque, il aurait été triomphal en sa faveur, s'il y avait eu des petites flèches en hausse ou en baisse, comme le font maintenant les hebdomadaires pour les hommes politiques, elles auraient été toutes « en hausse ». En revanche, elles auraient été résolument « en baisse » pour Winston Churchill qui, lui, avait dit des signataires de Munich cette phrase historique que j'ai, malheureusement, eu l'occasion de citer à propos de la politique étrangère française depuis quelques années : « Ils ont accepté le déshonneur pour avoir la paix ; ils auront le déshonneur et la guerre. » Moins de deux ans plus tard, on lui demandait d'être Premier ministre pour sauver l'Angleterre et sans doute l'Occident. Et si le général de Gaulle avait attendu un sondage pour parler le 18 juin 1940, il n'aurait pas parlé, il n'aurait pas été le général de Gaulle et le destin de la France n'aurait pas été le même.

Le courage politique est celui d'oser dire avant les

autres, et mieux que les autres, contre l'opinion du moment, ce qu'on pense. Dans un monde moderne à l'information instantanée, celui d'accepter d'être, au moins à court terme, impopulaire.

*
**

Dans une grave crise comme la guerre du Golfe, aux conséquences assez incalculables, les orateurs habituels, à gauche comme à droite, avaient choisi l'expectative mesurée. Ou plutôt, et plus grave : on avait choisi pour eux. C'est une conséquence quasi inéluctable de notre système politico-médiatique où les deux douzaines de personnalités admises à s'exprimer sont des candidats potentiels à la présidence de la République pour lesquelles on demande dans les sondages « si on leur voit un avenir politique ».

Mais s'ils sont ainsi promus par la presse à un destin national, en devenant des vedettes, ils deviennent aussi des instruments. Ils sont entourés de conseillers en communication dont la fonction est de ne plus les laisser exprimer leur opinion sans contrôle. Le « look » à créer, l' « image » à préserver, le « positionnement » à trouver, voilà ce qui compte pour ces conseillers. Ce sont les mêmes qui interprètent les sondages et au besoin les fabriquent. J'en ai connu un tout à fait sympathique qui fournissait chaque matin l'Élysée en faux mouvements d'opinion qu'il avait inventés la veille, avec force chiffres, pourcentages, flèches montantes et descendantes, comme l'épicier dépose sur le paillasson les bouteilles de lait quotidien. Il me disait : « C'est bon pour la santé du candidat. »

Tant qu'ils obligent les hommes politiques à changer de tailleur (comme l'un s'en était vanté à la télévision à l'égard de M. Rocard), le prix n'est pas trop élevé pour la démocratie. De même s'ils conseillent à leur poulain de mettre une cravate claire, ou pas de cravate, ou de faire marcher le ventilateur qui agite la cravate pour donner l'impression du mouvement et du dynamisme.

En revanche, l'exercice de la démocratie peut commencer à être altéré si les conseillers, toujours en fonction du sondage à venir, influencent le discours au mépris des convictions. Le risque est en fait de ne plus rien dire. Pour ne pas perdre les voix de l'électorat juif, ou au contraire ne pas perdre les voix des Beurs. Garder le soutien du *Figaro* sans se faire attaquer par *Libé*. En pensant aux voix des anciens combattants. Et de leurs veuves et ayants droit. Et de ceux qui n'ont pas fait la guerre. Et de ceux qui sont contre. Et de toutes les catégories d'âge, de sexe, de revenus, de résidence, que les Renseignements généraux cataloguent *div. mod. ss étiq.*, et qui finalement assurent les victoires électorales.

Vingt journalistes parisiens propriétaires de grandes rubriques ou émissions politiques font et défont les carrières. Avant chacune de ces émissions qui sont des super-examens de passage dans la classe politique supérieure, les personnalités répètent avec des professeurs comme on prend des répétitions particulières avant le baccalauréat. Il ne faut pas risquer de perdre quelques points à l'issue du débat. Seulement exprimer l'opinion que les spécialistes croient qu'il convient d'avoir. Tout est renvoyé à une analyse et une prévision des mouvements attendus de l'opinion publique. Une fois déterminée la vague de celle-ci, les spécialistes recommandent dans leur si joli langage de « surfer sur sa crête ». Le sondage a remplacé la conscience.

Et si l'opinion publique était imprévisible ? Ou, pire encore pour les professionnels, si l'opinion publique attendait des leaders et des élus non pas qu'ils la suivent mais qu'ils la guident ? Et si, dans les périodes de crise ou d'incertitude, elle attendait des responsables qu'ils prennent d'abord leurs responsabilités ? Au risque bien sûr que les événements à court terme leur donnent tort et qu'ils perdent plusieurs points dans les sondages. Au risque de paraître « en panne », ou « en baisse ». Et même de ne plus temporairement être invités à la télévision.

Tout candidat doit avoir l'air « sincère », « chaleureux », « compétent », « proche des préoccupations des gens ». Jamais n'est posée la question : est-il courageux ? A aucun moment, il ne doit paraître négatif. Sauf si son électorat préalablement ciblé exige du négatif. En critiquant la langue de bois, certes, mais en langue de bois. Dans ce sens, le rôle de l'anticonformiste qui ne joue pas le jeu est devenu lui aussi un emploi parfaitement conforme, tenu avec brio par MM. Le Pen et Tapie, dont les talents incontestables ne sont pas si contradictoires.

De même, les variations sur le combat des chefs et des sous-chefs, pain quotidien des spécialistes, ont l'avantage d'éviter les grands événements extérieurs sur lesquels on pourrait se tromper d'appréciation. Attaquer les autres, rivaux et amis, n'est pas mauvais. Comme on dit, ça ne mange pas de pain. C'est l'intérêt des « petites phrases », totalement artificielles, à usage politique strictement interne, qui ont l'avantage de ne pas créer le risque d'être démenties par les faits puisqu'elles relèvent d'un monde sans contacts avec la réalité.

En 1985, avant les élections législatives, la presse française ne parlait que du problème de l'éventuelle « cohabitation ». Je participe à un débat qui, sur France Inter, m'oppose à un jeune et sympathique responsable du parti socialiste promis aux plus hautes destinées. Avant d'ouvrir les micros, le journaliste animateur nous dit en confidence : « Bien sûr, je vais vous poser une question sur la " cohabitation ". Vous serez gentils de répondre par une " petite phrase " qui pourra ensuite être citée. Je débute comme journaliste politique. Aidez-moi. Comme vous le savez, le critère du succès d'une émission est qu'il y ait des " reprises ". »

Je commence et j'explique en propos modérés d'environ deux minutes l'essentiel du problème institutionnel qui va être posé. Ils ne feront, bien sûr, l'objet d'aucune citation ou « reprise » et je vois l'angoisse se peindre sur les traits de l'animateur. Il passe la parole à mon adversaire socialiste. Celui-ci attend quelques secondes pour donner plus de poids à ses propos, et dit simplement une phrase de cinq mots : « La cohabitation, c'est le bordel. »

C'est la première fois que, sur une chaîne publique, dans une émission politique, on emploie le mot « bordel ». Toute la presse française va reprendre les cinq mots, et surtout le gros mot. *Le Monde* lui consacrera un encadré spécial. Début d'une carrière qui conduira l'auteur, quelques années plus tard, aux plus hautes responsabilités et à « jouer dans la cour des grands », suivant la formule des journalistes spécialisés.

Mais si un jour l'opinion en avait assez de ce jeu trop codé, et simplement ne voulait plus jouer ? Simplement pour respirer, si elle voulait sortir de la cour des grands, des moyens et des petits ? Si elle souhaitait que les orateurs disent ce qu'ils croient et pas seulement ce qu'ils croient que l'opinion peut croire.

*
**

Faire ce qu'on dit ajoute au courage la dimension supplémentaire, indispensable, de la logique.

Je me suis battu à Strasbourg pour que le Parlement européen crée un prix spécial portant le nom d'Andreï Sakharov. Parce que je trouvais particulièrement exemplaire cette logique héroïque dont il avait fait preuve.

Voilà un homme qui avait tous les avantages matériels et moraux possibles à l'intérieur du système soviétique. Et on sait que, dans le système soviétique, les situations privilégiées l'emportaient sur tout ce qu'on peut connaître dans les sociétés libérales. Non seulement les villas, les voitures, le personnel de fonction et un train de vie assurant le plus grand confort, avec magasins spéciaux, médecins spéciaux, droits spéciaux de voyager, etc. Mais aussi, ce qui est important pour un créateur, la garantie d'être soutenu dans ses recherches, d'avoir un encouragement permanent, d'être entouré d'une estime, voire d'une adulation chaleureuse.

Ce type de protection globale, psychologique et matérielle, est particulièrement difficile à abandonner quand on en a longtemps bénéficié. Yves Montand, qui a eu ce courage, l'a expliqué de façon remarquable. Pour Sakharov, en disant non au régime du pays où il vivait et à tous les avantages qu'il pouvait en tirer, le coût de sa logique allait être encore plus lourd puisqu'il était vraiment au sommet de la nomenklatura soviétique. Dire ce qu'on croit et faire ce qu'on dit.

J'ai connu Andreï Sakharov avant et après son exil à Gorki. Dans son petit appartement mal chauffé et imprégné d'une vague odeur rancie comme tout Moscou, il m'avait demandé quelles étaient les raisons de l'intervention soviétique en Afghanistan. Je l'avais consulté à mon tour sur un débat qui agitait une partie de l'immigration russe et des milieux libéraux au moment où personne encore ne pouvait entrevoir la chute du mur de Berlin et l'effondrement des régimes communistes. Des articles de journaux, des personnalités demandaient que face à la dictature et la répression en Europe de l'Est, les pays de l'Europe de l'Ouest dénoncent les accords d'Helsinki qui prévoyaient expressément la liberté d'opinion, d'expression et de circulation des biens et des personnes. L'Union soviétique et les régimes satellites considéraient que ces textes ne leur étaient pas opposables puisqu'ils avaient réalisé la meilleure approche du paradis sur terre, conformément à la dialectique marxiste et au sens de l'Histoire. Pour eux les voix divergentes ne pouvaient être que celles de malades mentaux ou d'agents stipendiés de l'impérialisme. La notion même de prisonniers politiques était niée.

Personnellement, je n'étais pas pour la dénonciation des accords d'Helsinki, mais plutôt pour nous servir de ces accords signés par l'URSS pour maintenir une pression constante et essayer de donner sa chance à la liberté. La réponse de Sakharov sur cette question fondamentale avait été clairement de m'appuyer : il ne faut pas dénoncer, il faut essayer de faire appliquer. La logique entre pensée, parole, textes et actes.

Je lui avais demandé ensuite : « Le propre des démocraties et leur faiblesse par rapport aux dictatures est de trop se disperser dans leur action. Au lieu d'essayer de relever cent aspects condamnables du système totalitaire, est-ce que nous pourrions dénoncer un seul aspect qui serait en quelque sorte la clef de tous les autres ? Un principe, un article de loi ?

— Oui. (Sakharov n'a pas mis plus de deux minutes pour réfléchir.) L'article 6 de la Constitution soviétique : celui qui donne au parti communiste le rôle directeur unique. Tout le reste n'est que conséquences. »

Finalement j'ai réussi à faire voter par le Parlement européen la création de ce prix Andreï Sakharov, pas à l'unanimité. Une grande partie de la gauche a voté « contre », et notamment les travaillistes anglais (mais les communistes italiens ont voté pour !). Le porte-parole des travaillistes anglais m'avait donné cette explication assez dégoûtante dans le cas particulier. « Il n'est pas encore mort. Il est toujours dangereux d'honorer quelqu'un de vivant. Attendons. »

***

Sakharov n'avait pas peur de la mort. Sa seule crainte, autant que j'ai pu la connaître, était que son message soit déformé ou ne soit pas entendu. Ce qui m'étonne le plus dans le courage humain est celui que l'on pourrait appeler du dernier message.

Sans remonter aux siècles passés, au cours de ce XXe siècle seulement, combien d'hommes et de femmes, que rien ne préparait à l'héroïsme, sont morts héroïquement. C'est un mystère. Les cas de supplications, panique, gémissements sont extrêmement peu nombreux. Non, au contraire, face au peloton ou à l'exécution de masse, les vieillards relèvent la tête, les impotents se dressent, les jeunes mûrissent, les hésitants s'affirment, les sceptiques s'assurent, les agnostiques crient leur foi. Des mots admirables jaillissent alors que leurs auteurs ne peuvent même pas être portés par le sentiment que leur dernier cri sera connu et leur survivra.

L'un des plus bouleversants est sans doute celui de ce jeune communiste fusillé par les nazis et tombant en criant : « Vive le peuple allemand ! » Mais combien d'autres, partout, en tous temps, dans les guerres civiles en Amérique latine, dans les révolutions chinoises, dans les guerres européennes, ont eu à cœur, alors qu'ils savaient que c'était fini, la beauté du dernier mot, ou seulement du dernier instant. Le plus souvent en silence.

L'un de mes amis journaliste et écrivain, Serge Lentz, fut un jour capturé à Cuba par les sbires de Fidel Castro alors qu'il était en reportage. Il se retrouva avec des centaines d'autres suspects entassés dans des cellules infectes. Des « barbudos » venaient périodiquement extraire au hasard quelques douzaines de prisonniers pour les mener dans le stade principal de La Havane, où ils étaient fusillés devant la foule vociférante. Dans la prison, il n'y avait aucun sanitaire, un vague seau, un robinet dans un coin avec un filet d'eau glacée, la promiscuité totale pour les besoins les plus élémentaires, la puanteur et la crasse partagées. Un prêtre arrêté comme les autres au hasard des rafles dit d'une voix qui ne souffrait pas la discussion : « A tout moment, chacun de nous peut être tué. On ne meurt pas sale. Vous allez l'un après l'autre laver vos chemises. » La queue s'organisa autour du filet d'eau. Quand les gardes cubains venaient prendre leur ration biquotidienne de suppliciés, les condamnés partaient avec des chemises propres, encore trempées parce qu'ils n'avaient pas eu le temps de les faire sécher. Ils auraient dû frissonner. Ils ne frissonnaient pas.

***

Qu'il est étrange ce moment où un homme ne pense plus, consciemment ou inconsciemment, qu'à l'image qu'il va donner de lui-même et qui sera la seule véritable parce que la dernière. Ce n'est plus de courage dont il s'agit : courage contre qui ou pour quoi ? Il n'y a plus d'espoir et parfois pas même de témoin. Mais d'une autre vertu, encore plus rare. Il ne s'agit plus de se regarder une dernière fois dans le miroir des autres, de leur engouement, de leur défaveur, mais de jouer définitivement le droit de se regarder en face, avec d'autres yeux, de l'intérieur du corps. Qui a dit de l'honneur : « Il ne sert qu'une fois, comme les allumettes » ? On n'est pas un lâche si on a une fois manqué de courage. On n'a plus d'honneur si on a une fois manqué à l'honneur. Plus sévère que le tribunal des autres, il y a un autre juge qu'on ne peut pas éviter : soi-même. Le moment où il n'y a plus de miroir.

IV

L'HONNEUR

« Pourquoi ?
— Pour rien. Pour l'honneur. »

Malraux racontait sa rencontre pendant la guerre civile espagnole, dans une tranchée de Teruel, avec un combattant républicain qui n'avait pas dormi depuis deux nuits ni mangé depuis deux jours, en haillons, couvert de boue et de vermine.

« Pourquoi es-tu là ?

— Pour la dignité. »

Le moment de l'honneur n'est pas toujours celui où l'on emploie ce mot. On peut l'éviter par pudeur ou discrétion. C'est le moment d'être, pas de dire.

Juin 1940. Un village de Bourgogne, écrasé de soleil, à flanc de coteau, dominé de grands bois, où nous avions l'habitude de nous retrouver entre cousins pour les vacances chez un de mes grands-oncles. Une compagnie de l'armée française vient de prendre position. Le capitaine qui la commande a décidé de mettre en état de défense B..., Côte-d'Or, 360 habitants, un café-tabac, deux épiceries-buvettes, une boulangerie, une mercerie-modes de Paris qui fait aussi bureau de poste. Face à la mairie, le monument aux morts de la guerre 14-18 porte des dizaines de noms d'agriculteurs. L'officier fait sortir les charrettes pour barrer la grand-rue, réquisitionne les matelas pour boucher les fenêtres. Il a mis en batterie son fusil mitrailleur et son petit canon antichar pour tenir, comme il dit, un carrefour de deux routes départementales en bas dans la vallée. Le maire puis le curé ont essayé de fléchir le capitaine. La guerre est finie. La France a perdu. Toute résistance est inutile. Pourquoi encore des destructions, des tués. Ai-je dit que nous étions le 15 juin 1940 et qu'il faisait très beau ? A toutes supplications, admonestations, objurgations, le capitaine répond par ces simples mots :

« Cela fait 653 kilomètres que je recule, je ne reculerai pas d'un mètre de plus. »

Il explique qu'il a été envoyé dès le début de l'offensive allemande en soutien de la Belgique attaquée, du côté de Liège. Depuis Liège par le Hainaut, les Ardennes et la Champagne, il ne cesse de reculer. C'en est trop. Manifestement il les a comptés au mètre près, ces chemins de la retraite. En plus il trouve le site de ce village, serré comme il est autour de son église romane, assez bon du point de vue défensif. Le maire ceint de son écharpe et les élus levant les bras au ciel évoquent ses parents vivants et morts, font appel à ses enfants actuels ou à venir. Il répond technique. « D'accord, ce ne sont que des départementales, mais c'est quand même un carrefour que je tiens sous mon feu. Les Allemands ne vont pas passer comme cela. » Alors on lui envoie les anciens combattants avec leurs médailles, les mères de famille avec leurs bébés, les impotents avec leurs béquilles. Tout le village s'organise en une vaste procession où chacun exhibe ses mérites et ses plaies. S'il y tient tant à son baroud d'honneur, qu'il aille le faire plus loin, à côté, dans un bois, un champ, une carrière, là où il n'y aura pas de voisins et où cela ne gênera pas. A la fin du jour, le capitaine cède. Il demande pour ses hommes des vêtements civils qu'on lui apporte avec joie. C'est à qui trouvera dans les greniers des pantalons, des vestes et des vieux chapeaux. La procession s'est transformée en kermesse. Il réunit ses soldats, leur fait brûler leurs papiers militaires, les salue un à un, puis leur recommande de se disperser pour rentrer chez eux et ne pas être faits prisonniers. Il reste seul, il ajuste ses gants d'un petit geste sec, il sort son revolver, il se tire une balle dans la tête. Comme il l'avait dit, il en avait assez de reculer.

⁂

La vie quotidienne la plus civile offre toutes les occasions de faire preuve de vaillance. En cherchant à être meilleur qu'on ne l'est naturellement ou, en langage sportif, à se dépasser. Quand il n'y avait pas d'argent à gagner, autrefois on appelait ça précisément « pour l'honneur ». La vie publique devrait être l'occasion de manifester avec éclat une telle exigence personnelle. Malheureusement les Français ont trop tendance à considérer que la politique ne relève pas de ce domaine.

Un ministre anglais qui avait menti à son Premier ministre, conduisant ainsi celui-ci, de bonne foi, à tromper la Chambre des communes, avait dû démissionner immédiatement. Pendant dix ans, il se consacra dans l'ombre à des activités charitables et servait chaque soir la soupe populaire dans les quartiers défavorisés de l'Est londonien. Au bout de dix ans, la reine l'invita à prendre une tasse de thé au Palais, signifiant ainsi à tous que la carrière de cet homme restait brisée, mais que lui-même, personnellement, pouvait être de nouveau considéré comme honorable.

Les deux journalistes américains qui avaient mené campagne sur le Watergate étaient venus chez moi préparer leur passage à une émission de la télévision française. Ils m'avaient demandé : « Quelles questions aurons-nous du public ? » Je leur avais répondu : « Pourquoi avez-vous éliminé Nixon qui était un grand président ? » Ils ne voulaient pas me croire : « Mais c'est impossible, il a menti. » C'est bien sûr la première question que posa le public.

Beaucoup de Français attendent du pouvoir qu'il soit efficace et non qu'il soit moralement respectable. L'honneur des gouvernants apparaît comme une notion assez médiévale et tout à fait dépassée. Il semble qu'il conviendrait seulement d'être habile. Mais quand il n'y a que l'habileté et que l'habileté est prise en défaut, il ne reste plus rien, sinon des sentiments de courte honte. Un règne politique peut se terminer dans la déception. Il peut aussi finir dans le mépris.

Les Français, plus que jamais, ont besoin de l'honneur. Ils ont besoin d'exploits apparemment inutiles comme celui de traverser le Pacifique à la rame. Ils ont besoin que des ministres démissionnent parce qu'ils se sentiraient responsables. Ils ont besoin d'un geste, d'un sacrifice sur l'intérêt personnel immédiat, d'une victoire qui ne serait pas qu'un calcul.

Les moins férus d'histoire ont besoin d'être fiers de leur pays. Les étrangers nous trouvent souvent arrogants et critiquent ce qu'ils appellent notre jactance. Mais comme ils critiquent aussi la moindre de nos faiblesses, si nous nous permettons de ne pas être parfaits !

Malgré tous nos défauts, la France, dans le monde, reste un pays qui n'est pas comme les autres. On est plus sévère avec la France au moindre manquement à une certaine image, à une certaine mission, parce qu'on attend plus de nous. D'autres pays peuvent avoir des passages à vide ou pratiquer au nom du réalisme une politique cynique, sans trop décevoir ni même étonner. Mais quel espoir suscite encore (et parfois quelle amertume) la prise de position de la France, loin, très loin de chez nous.

Au Cambodge, pays martyr entre tous, nous entrons dans un village contrôlé par les maquis où la population se rassemble pour nous accueillir. Entre les cases sur pilotis pataugent dans la boue de la mousson plusieurs centaines de personnes.

Au premier rang, des notables demandent aux commandos qui m'accompagnent : « Qui est ce long-nez ? » (Comme on le sait, en Extrême-Orient, les Européens sont appelés les « longs-nez », et le mien est assez grand...) Le chef des commandos répond : « C'est un Français. » Et la rumeur se répand comme une vague qui va grandir jusqu'au dernier rang de la foule, d'abord un chuchotement, puis un brouhaha qui couvre tout le village : « France, France. » Les enfants ne comprennent pas, veulent jouer avec les soldats et les armes. Derrière eux la rumeur est devenue comme un cri et tous ceux qui ont plus de quarante ans redisent le nom de notre pays, se souviennent, pleurent.

Parce que c'est ainsi — j'ai connu cela, je n'oublierai pas —, nous n'avons pas le droit de faillir.

C'est un devoir qui correspond à un héritage qui nous est commun à tous. Il faut toujours exiger des Français un peu plus haut, un peu plus dur, un peu plus exceptionnel que ce qui serait normal. Si on vise la moyenne, ils seront en dessous de la moyenne. Si on exige l'exception, ils peuvent être exceptionnels. Rappelons-nous que nous pouvons être exceptionnels.

Un bon auteur anglais, Noel Coward, faisait dire à un de ses personnages avec un humour pincé : « Ce qu'on ne peut vraiment pas pardonner aux Français, c'est qu'il y a parfois parmi eux des gens très bien. »

Une nuit en Afghanistan, nous sommes assis, étendus sur le côté, à demi couchés sur un mauvais tapis avec une dizaine de commandants de la résistance que j'ai regroupés pour organiser le premier mouvement de coordination militaire. Le vent et le froid nous laissent sans voix. Puis l'un des commandants parle.

C'est un colosse barbu qui a été champion national de lutte et qui a déserté avant les jeux Olympiques de Moscou pour ne pas y représenter son pays en tête du défilé (l'Afghanistan venait en premier par ordre alphabétique...) Il se tourne vers moi et dit : « Quand j'étais plus jeune, il y a quelques années, j'écoutais à la radio le récit des manifestations contre l'intervention américaine au Vietnam. La radio annonçait : tant de centaines de milliers de manifestants à Londres, à Paris, à Berlin ; tant de centaines de milliers de manifestants à Washington. Ici, tu as vu les villages rasés au napalm, les enfants unijambistes qui ont sauté sur les champs de mines, les populations fuyant dans la montagne les bombardements et la terreur. Alors, dis-moi combien vous étiez de centaines de milliers de manifestants à être descendus dans la rue à Paris pour protester ? »

Silence. Quelqu'un ajoute un morceau de bois dans les braises. Et c'est un autre commandant afghan qui répond à ma place en disant : « Fiche-lui la paix. Même un vieux comme lui il a eu le courage de venir. » Puis un autre commandant demande : « Pourquoi n'y a-t-il que des Français ici ? »

C'est vrai : médecins, infirmiers, journalistes, jeunes gens qui avaient envie de faire quelque chose pour rien : pour l'honneur... Je refusais des volontaires.

Un soir, dans une réunion à New York en marge du débat aux Nations unies consacré à l'Afghanistan, dans une salle comble, un sénateur américain avait eu l'idée de poser la question : « Ceux qui étaient en Afghanistan clandestinement, dans le maquis, sont priés de se lever. » Nous nous étions levés et nous avions presque éclaté de rire : il n'y avait pratiquement que des Français. Alors que la France n'a pas de tradition historique de présence en Afghanistan et aucun intérêt économique particulier.

Souvent, il m'a été reproché, autant par des « amis » que par des adversaires, de m'intéresser à des combats lointains qui semblaient n'avoir que peu de rapport avec les problèmes quotidiens de nos compatriotes. Mais être présent pour un principe, au cœur de la montagne afghane, ou à l'abri fragile d'une gare détruite sur la ligne de front entre Serbes et Croates, ou perdu dans la jungle des Indiens Miskitos, fait partie de notre patrimoine collectif autant que les richesses du sous-sol, le théâtre de Molière ou le paysage du Val de Loire.

Certains disent « Vive la France ; malheureusement, il y a les Français ». Non. Mais il faut rappeler aux Français qu'une part de leur dimension, à chacun d'entre eux, est d'avoir fait l'histoire de France pour le meilleur et pour le pire. Que le monde entier, tout en sachant que nous ne sommes plus la plus grande puissance militaire, que notre économie n'est pas la plus forte, que nos jeux politiques sont détestables, que nos gouvernements sont incertains, en sachant tout cela et beaucoup d'autres choses, attend quelque chose de nous qu'il n'attend pas des autres ; ou du moins pas aussi haut, pas aussi net.

C'est pourquoi, depuis des années, je suis intervenu avec passion pour que la France donne l'image qui est attendue d'elle en ce qui concerne le droit des peuples à disposer d'eux-mêmes, la démocratie, la liberté, le respect des autres...

Je l'ai fait à propos des incidents en Algérie quand le parti au pouvoir avait fait tirer sur la foule des lycéens, alors que le gouvernement et l'intelligentsia se refusaient à dénoncer un régime qui, on peut le lire maintenant sous la plume de tous les commentateurs, combinait la dictature, l'inefficacité et la corruption. J'avais demandé publiquement à la tribune de l'Assemblée nationale si notre règle était désormais, puisque nous condamnions de façon répétée les événements de Tien An Men à Pékin, « de parler quand c'était loin et de se taire quand c'était près ».

Pour défendre l'indépendance des pays baltes, seul au début, j'ai dénoncé le silence complice des autorités françaises qui semblaient n'avoir plus qu'une seule règle : « ne pas gêner Gorbatchev ». Qui refusaient d'entendre la voix des populations tentant de s'exprimer, aussi bien dans l'Ex-Union soviétique qu'à Madagascar ou en Yougoslavie. Pour jouer les sous-Bismarck de la real-politik, le monde n'a pas besoin de nous.

Une fois, contre le règlement et un peu par surprise, j'ai pu mettre au garde-à-vous dans un moment d'union et de recueillement la totalité de l'Assemblée nationale et le gouvernement. Juste après l'intervention des troupes syriennes au Liban, des tueurs avaient assassiné Dany Chamoun qui était la seule personnalité libanaise pouvant, après l'éviction du général Aoun, représenter une volonté d'indépendance nationale et de démocratie. Il se trouve qu'au moment même où j'allais intervenir à l'Assemblée, le mercredi après-midi, se déroulaient ses obsèques dans la montagne au sud de Beyrouth.

Avant mon intervention, le président de l'Assemblée nationale, M. Fabius, m'avait rappelé qu'il était strictement interdit par le règlement qu'un député demande une minute de silence. Il ne fallait pas créer de précédent qui pourrait être utilisé abusivement. Je me lève, rappelle les raisons pour lesquelles Dany Chamoun a été abattu avec sa famille, parce qu'il aimait la liberté, parce qu'il aimait son pays, parce qu'il aimait la France. Et puis j'ai dit :

« Je suis debout, j'ai bien le droit de rester debout ; j'ai la parole, j'ai bien le droit de me taire. Ceux qui pensent comme moi et respectent ceux qui ont le courage de leurs opinions se lèvent et se taisent. »

Et dans un mouvement qu'aucun règlement ni aucun président ne pouvait arrêter (le film est très émouvant) toute l'Assemblée nationale, y compris les membres du gouvernement présents, se retrouva pour un moment debout et en silence. Pour l'honneur.

Quelques mois plus tard, il y aura un autre mouvement de très large union à propos de la guerre du Golfe. Mais il ne s'agissait plus cette fois de rester silencieux. Le problème était de parler et de savoir quoi dire.

⁂

Alors que je suis hospitalisé une nouvelle fois au Val-de-Grâce, le président du groupe parlementaire UDF me demande d'exprimer notre position sur l'application par la France de la résolution des Nations unies, prévoyant « le recours à tous moyens, y compris la force, pour libérer le Koweït et assurer la paix et la sécurité dans la région ». Autrement dit, la guerre. Quelques mois auparavant j'avais exigé publiquement un débat si les troupes françaises étaient envoyées au combat en rappelant que la Constitution prévoyait l'*autorisation* du Parlement et qu'après vérification dans le dictionnaire, autoriser avait le sens d'accord préalable, *avant*. Le Premier ministre avait déclaré « comprendre » ma demande mais refusé de s'engager. Il m'expliquera dans les couloirs que le président de la République, à qui il a parlé de ma question pendant une demi-heure le matin même, est plutôt hostile. Son cabinet et ses juristes l'ont mis en garde contre un vote du Parlement qui pourrait être perçu comme une limitation de ses propres pouvoirs de chef des armées...

Mais les grandes démocraties que sont l'Angleterre et les États-Unis vont donner l'exemple en organisant un débat préalable. Malgré les juristes et les courtisans, je ne vois vraiment pas comment la France aurait pu ne pas le suivre. La séance extraordinaire de l'Assemblée est d'abord prévue pour le 17 janvier. Puis, les opérations militaires devant commencer le 17 à l'aube, elle est avancée par M. Mitterrand le 16 au matin pour qu'il y ait bien autorisation et non approbation ou ratification.

Sans être au courant du calendrier exact des premières attaques aériennes, l'Assemblée sent qu'on est à la veille d'événements historiques dont personne ne peut calculer les conséquences. La paix ou la guerre... Tous les membres du gouvernement sont présents, et tous les députés. Les divergences d'opinion agitent et coupent tous les mouvements politiques, à commencer par les socialistes. Depuis des mois le ministre de la Défense exprime ses réserves et laisse dire son désaccord. Mais des amis de l'opposition me font part aussi de leur hésitation sur le bien-fondé de cette guerre qui sent trop le pétrole. Je suis moi-même en mesure de raconter au moins trois complots différents et parfaitement cohérents sur les origines du conflit, l'un israélo-américain, l'autre irako-jordanien et le troisième soviétique. L'émir Jaber du Koweït n'est pas une haute figure de la démocratie, les monarchies du Golfe ne sont pas sympathiques à tous. Le sentiment du « deux poids, deux mesures » dans la gestion des affaires de ce monde par les puissances crée un malaise général. On n'a pas tout à fait oublié l'abandon récent par l'Occident de l'indépendance du Liban, ou la lâcheté des démocraties européennes à l'égard de la répression soviétique dans les pays baltes.

Aujourd'hui nos gouvernants évoquent les grands principes, un « nouvel ordre international », le « droit des peuples », le « règne de la loi contre la violence ». Soit. Quels diplomates ont protesté solennellement contre le gazage des Kurdes ? Et qui s'intéresse encore aux boat-people ? Toutes les ambassades du monde, y compris la nôtre, ont accepté sans sourciller que le délégué de M. Ceaucescu occupe un siège au Conseil de sécurité ! C'est M. Perez de Cuellar, le secrétaire général lui-même, qui m'en avait fait la remarque à New York le 22 décembre 1989... Et combien de fois a-t-on remercié en haut lieu les terroristes preneurs d'otages pour avoir bien voulu contribuer à libérer les otages qu'ils avaient pris ? Et quel est le ministre qui, après la mise en accusation de la Libye pour l'attentat en plein vol contre un avion de l'UTA qui fit 170 victimes, a déclaré officiellement « il faut tourner la page » ? Il y a des cercueils qu'on cloue deux fois. Mais combien faut-il de morts pour émouvoir les bureaux ? Que pèsent pour les spécialistes de politique étrangère les gosses palestiniens jeteurs de pierres, l'étudiant chinois debout qui écarte à mains nues la colonne de chars sur la place Tien An Men ? Et la foule israélienne qui pleure en écoutant Sadate ? Demain, nos soldats se battront. Pour qui ? Pour quoi ? Les buts de guerre sont plus importants que la guerre.

Le matin du débat, à 9 h 30, je suis convoqué devant mon groupe parlementaire pour donner les grandes lignes de mon intervention. Je le fais oralement puisque, dans la précipitation, il ne m'a pas été possible d'écrire un texte. La veille au soir encore, le Premier ministre devant la commission des Affaires étrangères n'excluait pas l'hypothèse d'une médiation française qui « réussirait et sauverait la paix » ! La dévotion intellectuelle d'une partie de la gauche française aux pays arabes dits « progressistes », c'est-à-dire pro-soviétiques — plus une dose sensible d'anti-américanisme à gauche comme à droite —, et parfois à droite un soupçon d'antisémitisme inavoué nourrissent ces espoirs. La presse parisienne suralimentée en rumeurs par les cabinets des ministres ne s'intéressait qu'à ces tentatives faussement secrètes de cavalier seul, la tentative Pisani après la mission Vauzelle après le voyage Cheysson, et se demandait seulement si c'était le président de la République ou le ministre des Affaires étrangères qui cette fois se rendrait en Irak pour tout régler avec Saddam Hussein ! Le 15 janvier, 22 h 30, M. Dumas n'étant pas présent aux côtés de M. Rocard, les députés, socialistes en tête, en avaient tiré tout de suite la conclusion. « Le ministre des Affaires étrangères est-il déjà en route pour Bagdad ? » Le Premier ministre répond : « Non, il n'est pas dans l'avion. Mais je peux dire que l'avion est prêt à partir à tout moment. »

Illusion et ambiguïté. Le président français en joue très habilement, à la limite de la contradiction, mais son choix est fait depuis le début : il y aura la guerre, c'est logique, et la France doit être au côté des vainqueurs « pour participer au règlement ». Deux fois il retient son ministre de la Défense qui, honnêtement, veut s'en aller. Le principal pour le président est de maintenir l'unité apparente du parti socialiste et de ne pas se couper trop ouvertement du parti communiste. Le seul à rester imperturbable est Saddam Hussein qui attend sans jamais rien promettre, en tablant sur la faiblesse congénitale des démocraties. Les plans de paix de Moscou se succèdent et occupent les médias lancés dans leurs comptes à rebours. Saddam Hussein fait attendre Perez de Cuellar, parle à ses interlocuteurs de Nabuchodonosor, interroge sans s'engager lui-même. Il calcule. « Moi je peux me permettre 100 000 tués. Pas les États-Unis. Pas les démocraties. »

C'est ce pari sur nos faiblesses qui me fait réagir. Nous avons déjà trop accepté. Et puis, notre camp ne peut pas être celui du dictateur irakien même s'il n'est pas le seul dictateur de la région. Quand on a des doutes sur les raisons positives, il reste au moins les négatives.

Dès le début de la crise du Golfe, l'extrême gauche et l'extrême droite ont fait un autre pari : la guerre sera longue et coûteuse ; l'opinion qui naturellement est pacifiste sera encore plus hostile à la guerre quand les cercueils arriveront. On ne va pas mourir pour le pétrole des Américains. C'est aussi l'avis d'éminents anciens ministres de tous bords dont plusieurs sont des amis personnels. A gauche, au centre, à droite, des personnalités recommandent l'abstention ou annoncent qu'elles ne prendront pas part au vote.

Juste avant de monter à la tribune, je reçois les conseils les plus contradictoires. L'un me dit qu'il n'y aura pas la guerre, il le sait de source sûre du cabinet de M. Dumas. Un autre conteste sèchement le fait que j'ai été choisi pour parler au nom du groupe. Un autre m'adjure de ne pas compromettre cinquante ans de politique arabe de la France. Un autre me met en garde contre toute atteinte à la sécurité d'Israël... Que faire dans la confusion et l'inquiétude ? C'est simple. Dire ce que je crois. Et essayer de rappeler quel peut être, dans ces calculs contradictoires, l'honneur de la France.

Assemblée Nationale

Séance du mercredi 16 janvier 1991

Ouverture de la session extraordinaire

PRÉSIDENCE DE M. LAURENT FABIUS

M. Jean-François Deniau — En ce jour si grave, et dans un conflit si complexe, il importe avant tout que la voix de la France se fasse entendre de façon ferme, claire, cohérente.

Notre position tient en trois points : solidarité avec nos alliés, fidélité à nos principes, soutien à nos soldats. *(Applaudissements sur les bancs du groupe UDF, du groupe UDC et du groupe RPR.)*

Nous souhaitons la paix, pas à n'importe quel prix. Pas au prix de nos principes et de nos convictions, pas au prix du respect de nos alliances, pas au prix des chances de faire triompher un nouvel ordre international. De ce point de vue, il faut reconnaître que les tentatives qui ont été faites au dernier moment par la France ont suscité l'émotion, voire l'inquiétude de nos partenaires...

Un député communiste — Les Américains !

M. Jean-François Deniau — ... mais pas la moindre réaction du côté de Saddam Hussein ! *(Applaudissements sur les bancs du groupe UDF, du groupe RPR, du groupe UDC et sur plusieurs bancs du groupe socialiste.)*

Fidélité à nos principes. Vous avez dit, monsieur le Premier ministre, que si vous nous posiez la question que vous nous avez posée, c'était pour que la violence ne l'emporte pas sur le droit. Nous sommes contre la violence, nous ne voulons pas qu'elle l'emporte sur le droit.

Il y a un an, un mois et huit jours, plusieurs membres de cette assemblée quittaient Paris pour Beyrouth, à minuit, parce que, selon les dépêches de presse, les troupes syriennes montaient en ligne pour l'assaut final[1].

Aujourd'hui, avec le recul du temps, nous voyons plus clairement que les dangers de la violence sont les mêmes partout. Mais à l'époque, le gouvernement avait critiqué ceux qui avaient parlé d'Anschluss ou qui avaient cité Churchill... « Ils ont choisi le déshonneur pour avoir la paix ; ils auront le déshonneur et la guerre ! »... *(Applaudissements sur les bancs du groupe UDF, du groupe RPR, et du groupe UDC.)*

C'est un nouveau droit qu'il s'agit de créer et nous le jugerons à son application. Je souhaite que, sur le Liban, la France reprenne son action, même si cela ne fait pas plaisir à nos adversaires, voire à nos alliés. *(Nombreux applaudissements sur les bancs du groupe UDF, du groupe RPR et du groupe UDC.)* En vertu des principes que vous nous avez demandé d'accepter, il faut qu'il soit clair que toutes les troupes étrangères doivent quitter le Liban. La seule solution, c'est la démocratie et les élections libres, alors que l'accord actuel prévoit la nomination des députés par le gouvernement. La France ne peut pas soutenir un texte comportant une telle disposition ! *(Vifs applaudissements sur les bancs du groupe*

1. J'avais lancé mon appel le mardi à trois heures de l'après-midi, compte tenu d'informations très précises sur un coup de force syrien imminent. Trente députés français, sans autre bagage que leur écharpe tricolore, se retrouvaient le lendemain au Liban, en première ligne dans une atmosphère d'enthousiasme populaire et d'émotion qui faisait dire à l'un d'entre eux : « C'est aussi beau que la libération de Paris. »

UDF, du groupe RPR et du groupe UDC.) Je souhaite, monsieur le Premier ministre, que votre position soit aussi claire que la nôtre : Nous considérons comme évident que le droit est partout le même. *(Interruptions sur les bancs du groupe socialiste.)*

M. Xavier Deniau — Ça dérange certains !

M. Jean-François Deniau — Il y a un certain courage à dire la vérité et je ne m'arrêterai pas ! *(Nouveaux applaudissements.)*

Vous avez dit, monsieur le Premier ministre, qu'il s'agissait de créer un précédent positif. Appliquons-le donc dès maintenant. Les nouvelles se partagent entre le dossier du Golfe, les horreurs qui se sont passées au Koweït et celles qui se passent dans les pays baltes. *(Applaudissements sur les bancs du groupe UDF, du groupe RPR, et du groupe UDC.)* Qu'attendons-nous, en vertu des principes mêmes que vous nous demandez d'appliquer ? La France n'a jamais reconnu l'annexion des pays baltes, fruit direct du pacte entre Hitler et Staline. *(Nouveaux applaudissements sur les mêmes bancs.)* Aucun de nous n'a envie de contribuer au maintien de ce pacte. *(Mêmes mouvements.)* Et je serais heureux que les éminentes personnalités françaises qui n'ont cessé de contester l'ancien empire colonial français ne soient pas les dernières à défendre l'empire colonial soviétique. *(Vifs applaudissements sur les bancs du groupe UDF, du groupe RPR, et du groupe UDC.)* Les mots ne suffisent pas. Déplorer, condamner, oui, mais, mais un précédent positif, cela veut dire l'action !

J'ai regretté ici même que le gouvernement français, il y a quelques mois, ait mis son veto à l'envoi de médicaments et d'aliments pour enfants en Lituanie, après une concertation à Bruxelles : triste Europe que celle qui se réunit pour empêcher l'envoi de médicaments et d'aliments pour enfants !

Inquiétant message que celui qui est ainsi délivré par nos responsables. Il est urgent de rectifier le tir, d'être logiques, ou, tout simplement, décents.

Il y a quelque chose d'émouvant à constater que le dernier bastion de la liberté à Vilnius, protégé par des barrières dérisoires, ce sont des élus, représentant la conscience nationale, qui ne veulent pas abandonner. Pour être fidèles à nos propres options, à nos convictions, à nos valeurs, nous ne pouvons les abandonner ! *(Applaudissements vifs et prolongés sur les bancs du groupe UDF, du groupe RPR, du groupe UDC et sur plusieurs bancs du groupe socialiste.)*

J'en viens au soutien à nos soldats sans distinguer entre ceux qui auraient été appelés et ceux qui sont volontaires. *(Applaudissements du groupe UDF, du groupe RPR et du groupe UDC.)*

Ce qui compte pour une armée, pour les soldats en première ligne, c'est l'assurance que leur cause est juste et soutenue. Le pire pour eux serait de sentir l'incertitude à l'arrière, de la part de ceux qui ont donné les ordres et les ont envoyés sur le terrain. *(Applaudissements sur les bancs du groupe UDF, du groupe RPR, et du groupe UDC.)* Pour les soutenir, il faut que la voix de la France soit claire, ferme et cohérente. Il faut que chaque soldat soit conscient que sa mission, en première ligne, comprise et soutenue ici, est de défendre le droit et la liberté, de la même façon sur les rives du golfe Persique que sur les rives de la Baltique, à Beyrouth comme à Vilnius. Tel est le sens de la réponse que nous allons vous apporter. *(Mmes et MM. les députés des groupes UDF, RPR, et UDC se lèvent et applaudissent longuement.)*

J'avais dit, mais si bas que ce n'est pas noté au procès-verbal : « Qu'elle est longue et froide la nuit avant l'attaque. Je pense aux nôtres. Et aussi aux autres... »

Dans les minutes qui suivent, quand j'ai repris ma place à mon banc, je reçois une centaine de messages. Ils sont bien plus bouleversants que les mots que j'ai pu prononcer. Quelque chose s'est produit, mystérieux, incalculable, imprévisible. Des lettres circulent dans les travées et sont signées par dix ou vingt députés :

« Merci. Tu nous as rendu l'honneur. »

« Ta voix était celle de la France, celle de Saint Louis », écrit Philippe de Villiers, député de Vendée.

« Tu as parlé comme un patriote de 93 », écrit Charles Ehrmann, député de Nice d'origine alsacienne.

Et Arthur Paecht : « Pour la première fois depuis que je suis parlementaire français, j'ai pleuré. En t'écoutant. Quand j'étais enfant, en 1938, en Autriche, avant que les Allemands n'aient tué mes parents, c'était l'idée que je me faisais de la France. Merci de tout cœur d'avoir rappelé les principes de justice, de tolérance et d'amour. »

Pourquoi cette émotion ? Pourquoi ces remerciements ?

Je n'ai pas lu. J'ai parlé. Et j'étais seul.

Depuis le mois d'août, en fait, plus personne ne dit rien, chacun attend plus ou moins de savoir si ce conflit va bien ou mal tourner. Dans les sondages, les Français sont majoritairement pour la paix. Au fond d'eux-mêmes, ils sont sans doute contre l'Irak, pour qu'on ne se laisse pas faire, et pas par des Arabes... Mais c'est si loin, si compliqué. Et s'il y a des victimes nombreuses dans les combats à venir, alors l'opinion se retrouvera sûrement tout à fait hostile au gouvernement. Et aussi s'il y a des attentats à Paris. Si on manque de sucre ou d'essence. Si on doit annuler les colonies de vacances des enfants. Si on augmente les impôts... Malheur aux responsables politiques qui auraient fait le mauvais choix...

Eh bien, non ! Alors que la classe politique est de plus en plus contestée, que l'Assemblée a de moins en moins de pouvoirs, que les « affaires » Nucci et autres, l'amnistie, les fausses factures ont jeté un doute sur la fonction même d'élu, il était bon, un moment, à sa place, dans son état, d'être responsable en étant sincère.

La liberté, la démocratie, le droit des peuples à disposer d'eux-mêmes ne pouvaient pas être du côté de Saddam Hussein. Il suffisait de voir les évidences. Et d'avoir des convictions. Tout vient alors si naturellement. Que la France ait une seule voix, partout la même, la même pour tous. C'est la condition absolue, logique. Malheureusement, elle ne sera pas remplie.

Dans les semaines qui suivent, je vais recevoir des centaines et des centaines de lettres, non plus de députés, mais d'hommes et de femmes qui ont vu la transmission télévisée de mon discours. Tous âges, opinions, métiers confondus. Toutes aussi impressionnantes et sur le même thème : merci d'avoir dit ce qu'on n'entendait plus et qui n'a rien à voir avec la politique ou les partis, qui s'appelle la morale, l'humanisme, la fidélité. Des lettres d'officiers d'active expriment leur gratitude d'avoir pu enfin entendre les mots de devoir et de fierté qu'ils désespéraient, depuis des mois, d'entendre de la part des autorités gouvernementales. Des retraités se souviennent de l'humiliation des départs de nos troupes pour l'Indochine, quand elles embarquaient sur le *Pasteur* en bout de quai à Marseille, à 4 h 30 du matin, pour éviter des manifestations hostiles. Les dockers communistes ayant refusé de décharger le bateau, ce sont les soldats partant pour Saigon qui avaient dû, dans les heures troubles et froides de la petite aube, avant d'embarquer pour la guerre, débarquer à dos d'homme les cercueils rapatriés de leurs camarades tués au combat... Mais la plupart des lettres que je reçois sont signées de civils et ne font aucune allusion aux hostilités passées ou présentes. Elles parlent seulement de l'honneur d'être français.

⁂

Certains regrettent les guerres comme école de vertu. Ce n'était pas le cas de Jean Renoir qui était en 1937 un compagnon de route du parti communiste et un militant pacifiste déclaré. Le titre de son film, l'un des plus célèbres du cinéma français et l'on peut dire du cinéma : *La Grande Illusion,* était en fait une manifestation antimilitariste. Le mensonge qu'il voulait dénoncer était celui d'une littérature exaltant dans la guerre une source de qualités humaines, dont l'honneur. Le film devait être une illustration du contraire, avec un couple symbolique repoussoir, celui des deux officiers de carrière, l'Allemand et le Français enfermés dans leur code dépassé et leur forteresse, l'un avec un « von » et l'autre avec un « de » dans son nom. L'autre couple (formé par Gabin et Dalio) représentait le peuple, la vie, la paix, l'avenir : ils décideront de s'évader, autre symbole, en refusant spectaculairement cette tromperie d'une haute fraternité des hommes dans le combat et le respect de la parole donnée.

Renoir choisit d'abord des acteurs en fonction de cette thèse politique. Il faut que les deux « officiers de tradition » soient clairement les représentants d'une caste sociale condamnée par l'histoire, l'un décadent, l'autre une brute. Mais pour des motifs divers, aucun de ceux qu'il a prévus n'est disponible, et au dernier moment à leur place il doit recruter Pierre Fresnay pour l'officier de carrière français (Fresnay jouait à Londres une opérette sur les amours d'un prince qui dut être arrêtée parce qu'elle tournait à l'incident diplomatique le lendemain de l'abdication d'Edouard VIII) et, pour l'officier allemand, Eric von Stroheim, réalisateur de films chassé d'Hollywood par les critiques et les créanciers, qui portait un pseudonyme de junker prussien. Ce sont eux qui vont rendre à jamais célèbre le film. Ils transforment le texte initial négatif en un duo à la gloire de l'honneur militaire. En les voyant travailler, Renoir râlait : « Qu'est-ce que je n'aime pas ce que vous faites, mais nom de Dieu, qu'est-ce que c'est bon, continuez ! » Revanche de l'honneur qui montre que, davantage qu'un fidèle militant, Renoir était un grand artiste ; et que les hautes vertus peuvent se manifester pour peu qu'on leur en prête l'occasion. Il n'y a pas de fatalité de la bassesse.

***

L'honneur au quotidien, cela existe, c'est un souci de tous les jours puisque la seule question est de pouvoir se regarder en face. A tous les niveaux, dans toutes les fonctions. Je vais citer un président de la République parce qu'il avait l'image d'un Français comme les autres, pas d'un héros mais d'un homme dévoué et appliqué à sa tâche.

Georges Pompidou, juste après son élection à la présidence de la République, m'avait fait venir de Bruxelles où j'étais responsable de la politique étrangère européenne et plus précisément des négociations d'adhésion. Il avait tenu à m'expliquer longuement pourquoi il n'avait pas pris le bureau du général de Gaulle. Parce que son style mais aussi son but étaient différents. Le Général avait eu pour mission de fixer les très grandes options politiques : la Constitution de la Vᵉ République, la décolonisation, la sortie de l'OTAN et l'indépendance nationale. Lui, il aurait pour principale préoccupation non pas de copier ou corriger le général de Gaulle, mais de le compléter. Dans un domaine qui n'était pas le meilleur du Général : l'intendance. Il fallait que l'industrie française devienne aussi forte que l'industrie allemande. Sinon tout ce qui avait été fait s'effondrerait, et l'Europe deviendrait déséquilibrée, dangereuse, inacceptable. Tout passait par là à terme : l'égalité de puissance économique avec l'Allemagne. Bien sûr, me dit-il, on m'accusera de manquer de hauteur ou de largeur de vues, on me traitera de comptable, de banquier... (il cherche le mot) d'épicier. Il fera son devoir d'épicier.

Le mercredi 27 mars 1974, Georges Pompidou préside au palais de l'Élysée le conseil des ministres. Personne ne sait que ce sera le dernier, que le président sera mort dans moins d'une semaine. Et pourtant... A la fin du conseil, Georges Pompidou fait remarquer que l'ordre du jour officiel étant épuisé, il va parler d'un sujet privé. « Mais puisque tout le monde en parle, j'ai bien le droit moi aussi d'en parler : ma santé.

« Je sais bien que dès que vous rentrerez dans votre ministère à l'issue de ce conseil, votre directeur de cabinet et vos principaux collaborateurs qui vous attendent vont vous demander : " Alors, le président, comment est-il ? " et quand vous rentrerez chez vous ce soir votre femme va vous dire : " Alors, le président, il est si malade que ça ? "

« Je dis tout de suite à ceux qui croient me faire plaisir en répondant : " Le président se porte comme un charme ", qu'ils ne me font pas plaisir. Je souffre comme un damné vingt-quatre heures sur vingt-quatre. » Puis le président Pompidou explique les origines et l'évolution de sa maladie, pourquoi il a quitté l'Élysée pour habiter chez lui, les appartements de l'Élysée étant trop malcommodes pour un malade. Il règle quelques comptes avec des absents illustres mais aussi avec des présents. Nous sommes encore dans la politique. « J'ai survécu à deux crises, celle-ci est la troisième. J'ai bien l'intention d'y survivre, ne serait-ce que parce que si je mourais, cela ferait plaisir à trop de gens dont certains sont ici dans cette salle. » Alors que l'atmosphère est tendue, dure, épaisse, Georges Pompidou change complètement de ton. Je ne sais pas si tous mes collègues y sont sensibles mais pour moi le moment est dramatique. C'est comme si d'un coup on avait chassé les importants, effacé les ors des frontons, enlevé les lustres du salon Murat. Désormais c'est une atmosphère de chevet de lit de mort. Plus question de détails sanitaires ou d'attaques personnelles.

« Dans ma vie, j'ai tiré trop bas. Quand je devais faire un discours il y avait toujours un conseiller pour me dire : mettez cette phrase, cela fera plaisir à Untel. Ou supprimez cette phrase, elle gênerait Untel. J'ajoutais, je supprimais. Personne au fond ne m'en savait gré, et je m'étais seulement un peu dégradé. J'ai accepté trop de compromis. Refusez. Soyez vous-mêmes. Montez, montez le ton. Visez plus haut. » Il dit encore à mi-voix comme s'il ne parlait plus qu'à lui : « Plus haut. » Le dernier conseil.

V

LA VÉRITÉ

« La vérité existe. On n'invente que le mensonge. »

Le droit de dire la vérité n'est pas le plus répandu. Souvent, il est plus ou moins assimilé au fait d'être porteur de mauvaises nouvelles, ce qui dans toutes les tyrannies était puni de mort. « Ne demande la vérité qu'à tes ennemis », recommandait le sage. Pour ne faire référence qu'aux temps les plus modernes, les intellectuels anti-fascistes ont pu individuellement et collectivement à peu près condamner le nazisme dès l'entre-deux-guerres, du moins les horreurs qu'on en connaissait.

La vérité sur le système communiste et sur les pays du tiers monde classés « progressistes », c'est-à-dire de type dictatorial anti-occidental, gênait. Il a fallu qu'un pays communiste anti-occidental, le Vietnam, entre en conflit avec les dirigeants rouges du Cambodge appartenant à une faction rivale (Moscou contre Pékin) pour que l'Occident s'intéresse au massacre insensé de tout un peuple perpétré par Pol Pot. Il a fallu que Soljenitsyne soit exilé pour que l'existence des camps de concentration soviétiques soit admise et que, tristement pour notre époque, le mot « goulag » devienne un nom commun.

Les opposants soviétiques racontaient aux visiteurs de passage, pendant l'ère Brejnev, la petite histoire suivante dont le sel vient de ce que le titre du journal officiel communiste, *Pravda,* veut dire « La Vérité ».

« Pour la gigantesque parade militaire qui marque au Kremlin, sur la place Rouge, l'anniversaire de la révolution d'Octobre, Brejnev avait décidé d'inviter à la tribune officielle les plus grands capitaines de tous les temps : Alexandre, César et Napoléon. Quand défilent les chars soviétiques, Alexandre dit : " Ah, si seulement j'avais eu des chars comme ceux-là, j'aurais pu conquérir toute l'Asie. " Quand défilent les fusées soviétiques, César dit : " Ah, si seulement j'avais eu des fusées comme celles-là, le siège d'Alésia ne m'aurait pas pris si longtemps. " Napoléon ne dit rien, il lit la *Pravda.* Ses deux collègues le tirent par la manche et Napoléon dit : " Ah, si seulement j'avais eu un journal comme celui-là, personne n'aurait jamais su que j'ai été battu à Waterloo. " »

La liberté commence par la vérité puisque la démocratie est la possibilité de choisir, donc de savoir et d'apprécier. Youri Andropov, patron du KGB puis de l'URSS après Brejnev, ne s'y était pas trompé. Coresponsable de l'écrasement du printemps de Prague, il avait donné cet avis d'une grande lucidité : « Si on commence à les laisser dire la vérité, nous finirons pendus. »

Son lointain prédécesseur, le fondateur même du premier KGB, Dzerjinski, dont la statue de bronze se dressait à Moscou, avait une formule d'une qualité littéraire assez terrifiante : « Pour ceux qui ne partagent pas notre système de pensée, quatre murs, c'est trois de trop... »

*
**

Maintenant, le pouvoir communiste s'est effondré. Quels que soient les risques, les vicissitudes, les heurts, et même si la liberté n'a pas encore gagné, c'est déjà un progrès de la vérité.

La société soviétique avait ses vertus, victoriennes, et ses défauts, massifs. Lourde était la propagande officielle, et lourdes les sanctions contre les contestataires. Le prix d'un certain confort est d'abord le conformisme. Comme le domaine du « réglementé » et donc de l'interdit s'étendait à la quasi-totalité des activités, la notion de crime était immense en proportion. Chaque année, il y avait au moins une dizaine de condamnations à mort et d'exécutions pour « crimes économiques » d'après la presse soviétique elle-même. Toute société a sa part de mensonge. Par action ou par omission, en mentant ou en se taisant, y compris bien sûr une société libérale. Mais dans le système soviétique où dire la vérité pouvait être juridiquement considéré comme un acte antisocial parce qu'il y avait la vérité d'État, le poids du mensonge et celui du silence pesaient particulièrement sur les consciences. En contrepartie un minimum de sécurité matérielle était assuré à tous, une sorte de sous-équilibre, et cette forme régressée du bonheur qui est que dans aucun domaine il n'y avait la possibilité de choisir.

Une partie de l'intelligentsia étouffait, la population écoutait la Voix de l'Amérique qui lui parlait d'un autre monde, fabuleux, des écrivains célèbres s'exilaient. L'ensemble du système tenait en quelque sorte par son poids : celui de la crainte de l'autorité, celui des avantages relatifs d'une classe dirigeante, celui de l'administration et de la police, celui de la propagande permanente, celui des habitudes, du fait accompli. Celui de la passivité. Et celui aussi, il ne faut pas le sous-estimer, d'un puissant patriotisme qui est l'attachement à la Russie, comme d'une tradition religieuse permettant d'admettre les insatisfactions immédiates au nom du paradis futur.

« Je t'enseigne l'amour du plus lointain », disait Nietzsche. La Russie orthodoxe a toujours célébré Pâques comme fête principale, et non pas Noël. Noël, c'est la fête de l'Incarnation, du concret, du prochain, celle de l'Ouest. Pâques, c'est la fête de la Résurrection, celle du monde à venir, de l'au-delà. L'opposition entre l'Ouest et l'Est a toujours été celle de Noël et de Pâques.

Qui croit encore, à l'Est comme à l'Ouest, aux lendemains qui chantent, justification des sacrifices d'aujourd'hui ? Qui croit encore au marxisme doctrinal appris comme une sorte de langue morte pour l'exercice intellectuel qu'il représente ? Qui croit encore qu'un régime peut-être celui de l'espoir ?

Toutes les critiques dénoncées naguère comme « anticommunisme primaire » peuvent êtres lues dans la presse soviétique elle-même depuis quelques années. Les témoignages sont accablants sur la corruption, l'inefficacité, les crimes. L'eau, l'air, la terre ont été durablement détruits par une pollution sans contrôle. Tchernobyl n'est pas unique et l'URSS était le seul pays du monde où l'espérance de vie humaine avait baissé !

Le problème des nationalités était « définitivement réglé », disait solennellement Gorbatchev à sa prise de pouvoir. Il se révèle exaspéré jusqu'à la guerre civile, parfois provoquée par le gouvernement central pour justifier son rôle de gendarme, politique coloniale très classique et pratiquée par tous les empires. Le seul fait de considérer que l'URSS avait des aspects d'empire colonial, comme l'ont eu l'empire britannique ou l'empire français, était d'ailleurs un blasphème. Le mot « impérialisme » à propos de la « patrie du socialisme » était interdit. Combien de nos intellectuels ont participé à ce système de deux poids deux mesures en faveur de l'impérialisme des autres ? Mais il semble, pour leur bonheur, qu'aucun ne se relise. Je me souviens avoir entendu, étudiant à Paris en 1946-47, un célèbre professeur faire l'éloge de la planification soviétique, désormais étalon unique de toute civilisation : le système du plan français, faible et incertain, devant être jugé comme une modeste étape vers ce bien absolu. Et un autre savant professeur expliquer pourquoi et comment le communisme représentait l'avenir dans tout système politique. Il vaut mieux se tromper avec Sartre qu'avoir raison avec Aron, a-t-on dit. Certes l'utopie est un besoin davantage du cerveau que du cœur. Mais au combat contre l'asservissement de la vérité, il manquera quelques grands noms. Pourquoi en France les gens intelligents détestent-ils tant la liberté ?

*
**

Il n'y a pas qu'à l'Est que notre monde a changé. En trente ans, le niveau de vie des Français a triplé. Mais en trente ans, les Français ont changé bien davantage encore leur façon de vivre. Notre société n'est plus la même, qu'il s'agisse de justice, de famille, de sexualité, de patrie, d'éducation, de vacances...

Dans les années d'après-guerre la ville de Paris avait interdit à l'affichage le titre complet d'une pièce de Jean-Paul Sartre, *La P... respectueuse,* alors que l'auteur était pourtant au sommet de sa notoriété. On en est loin. La dérision appliquée à l'armée, la religion, l'amour, la vie, la mort, ne se remarque plus. Il reste seulement délicat de jouer de l'enfance, de la race, de la santé.

Oui, tout a changé. Le cas « marginal », qu'il soit déviant ou délinquant, a été systématiquement pris en considération à l'égal du cas « normal », ou même privilégié par rapport au cas normal. Par les mass media, parce que cela fait de meilleurs titres. Et dans le discours politique de la gauche (pas toute !) qui a fait l'erreur de confondre l'indispensable et juste défense des laissés-pour-compte, des oubliés, des victimes, avec le refus de juger et de soigner. Le dépistage systématique du sida a été écarté parce que certains ont voulu y voir une « connotation morale ». La IIIe République n'avait pas eu ces hésitations contre la tuberculose et la syphilis. Le résultat est de laisser au cœur du plus grand nombre davantage un sentiment de doute que de progrès. Le temps des certitudes est fini.

J'ai connu, enfant, la France que nous croyions et que le monde entier croyait toujours celle de 1918, militairement invincible. Le défilé du 14 juillet 1939 en fut le symbole. Je me rappelle une famille qui n'était pas au premier rang et qui bousculait les spectateurs mieux placés en criant : « Nous sommes des Polonais, nous sommes venus spécialement de Varsovie pour voir la meilleure armée du monde. » Après, très vite après, ce furent la débâcle, les populations poussant sur les routes leurs matelas dans des brouettes, les civils et les militaires se jetant dans les fossés pour éviter les bombes des stukas dans le hurlement des sirènes, l'occupation étrangère, la confusion des devoirs, les héroïsmes et les trahisons volontaires ou involontaires.

L'empire colonial français, « la plus grande France » était incontesté dans son étendue, dans ses méthodes, dans ses raisons, sinon par quelques rares esprits indépendants. Sur la carte du monde affichée au fond de la classe, la tache rose de nos possessions d'Afrique, d'Asie, d'Amérique, d'Océanie pouvait rassurer sur notre puissance ainsi que sur la continuité de notre histoire, la République ayant pris sur tous les continents le relais de la défunte monarchie. Nous apportions avec fierté l'Institut Pasteur, les bons pères missionnaires à larges barbes, nos héroïques pionniers, le progrès, la civilisation. En échange, les colonies devaient « rapporter » et fournir des soldats quand la Mère Patrie était menacée. La Ligue maritime et coloniale était reconnue d'utilité publique et dans les lycées les garçons étaient vivement invités par les professeurs à y cotiser. (Monsieur le Proviseur venait lui-même introduire en classe ses conférenciers.) Dans les établissements privés, les petites filles devaient garder le papier d'argent de leur chocolat au profit de nos bonnes œuvres en Chine. Pour l'immense majorité de l'opinion française, ce système n'apparaissait pas même pouvoir être mis en doute. Il semble que très rapidement on soit passé d'un extrême à l'autre, c'est-à-dire de l'autosatisfaction aveugle ou intéressée à la culpabilisation permanente.

Les villes étaient des villes, avec une place, un cœur : et Paris, sinon dans ses barrières, du moins entouré de vastes terrains vagues et de fortifications. J'ai connu les campagnes où l'on attelait un cheval plus honoré que les autres pour conduire en carriole la famille à la messe dominicale et où l'espoir des agriculteurs était d'avoir un fils à la SNCF (on disait « au chemin de fer ») pour la sécurité de la retraite, ou dans l'enseignement pour la promotion sociale. Celle-ci se faisait, naturellement, sur trois générations, et sauf quelques familles de notaires, tous les Parisiens avaient un grand-père paysan. Il semble aujourd'hui qu'il n'y ait plus ni ville ni campagne, mais seulement des banlieues. La famille a éclaté, réduite au « ménage », en fait à ceux que peut contenir une voiture automobile. Un ministère de la Solidarité a été créé mais il semble que chacun soit plus seul dans l'espace et dans le temps.

Les mœurs étaient étroitement contrôlées, à droite comme à gauche, morale catholique ou morale laïque, du moins publiquement. On ne parlait devant les enfants ni de sexe, ni d'argent, ni de violence. Les prêtres étaient en soutane et enseignaient le catéchisme. Les instituteurs prônaient le devoir et les vertus qui pour eux n'étaient pas dissociables de la République. J'ai connu toutes les classes d'un lycée, de la huitième à la première, sans pouvoir dire les opinions politiques d'un seul de mes professeurs. Mon père affirmait : un fonctionnaire dont on parle dans les journaux est un fonctionnaire qui est parti avec la caisse. Le service de l'État se faisait, par tradition, dans la discrétion et l'honnêteté.

La voix populaire, si on sait l'écouter, vous dira qu'elle ne regrette pas le passé, son conformisme, ses injustices, son hypocrisie. Elle vous dira que les conquêtes de 1936, les congés payés, la semaine de quarante heures et l'Office des céréales avec le quantum étaient des progrès justes, nécessaires, qu'on avait trop tardé à accomplir. Mais elle vous dira aussi qu'en profondeur la France n'aime pas plus le désordre que la réaction, que le laxisme apparent des comportements la choque et ne correspond d'ailleurs pas plus aux réalités que la pudibonderie officielle d'antan. Elle vous dira qu'elle souhaite des transformations de notre société, pas des bouleversements et encore moins l'incertitude.

Encore moins l'incertitude sur le rôle, la place et l'état de chacun. Elle vous dira que les professeurs doivent professer, et les étudiants étudier, et surtout que c'est le vague, le mensonge par omission, l'incertain qui l'inquiètent le plus. Elle veut savoir où nous sommes en ce monde et où nous allons.

Pendant des siècles, nos pays ont inventé leurs propres formes de civilisation et ont eu tendance, que ce soit en bien ou en mal, à les imposer au reste du monde. Aujourd'hui, nous ne sommes plus un modèle pour personne et même pas pour nous-mêmes. Quelle est notre vérité ?

*
**

Un citoyen a bien du mal à remonter aux causes des événements qui le touchent pourtant directement, tant elles se perdent dans des influences diverses et croisées, internationales et impersonnelles. Le simple particulier qui a trop de difficultés à élever ses enfants et est menacé de chômage peut-il être satisfait si on lui répond que c'est la faute de la crise mondiale et de la hausse des taux d'intérêt ? Les grandes décisions des vastes mouvements cycliques qui vont conditionner la vie de chacun de nous se prennent quelque part, sans doute, mais par des hommes et en des lieux qu'il est de plus en plus difficile de définir et parfois même de nommer. Des hommes, mais davantage encore des institutions, des chiffres, des pourcentages.

La réaction naturelle de toutes les démocraties occidentales est de personnaliser la responsabilité politique. Mais en même temps l'évolution fait que tout chef d'État de nos pays a de moins en moins d'action directe et précise sur les événements. Si l'on tient compte des données économiques de base (monnaie, commerce extérieur, PNB, etc.), considérées comme des faits, des engagements internationaux sous toutes leurs formes, des situations démographiques et sociologiques internes et autres « pesanteurs », ce qu'un gouvernement peut changer sans révolution, c'est-à-dire ce qu'il peut infléchir, diminue pratiquement chaque jour.

J'avais un soir à la maison avec Olof Palme, alors Premier ministre de Suède et qui était mon ami, essayé de chiffrer ce quota de pouvoir qui reste à la disposition réelle d'un gouvernement démocratique : 5 p. 100 des données de la vie d'un pays. Nous avions appelé cette règle : loi Palme-Deniau. C'est peu, 5 p. 100 ? Ce n'est pas non plus négligeable. De même ce 5 p. 100 peut faire la différence entre le gain et la perte d'une société privée, il est dans une élection démocratique une sorte de raz de marée, il peut changer la vie, en bien ou en mal, ou du moins la perception qu'on en a. Le rôle d'un chef d'État ou de gouvernement, dans ces limites, doit être autant de traduire, rendre compte, expliquer, que d'agir ; dire la vérité autant que guider. Il devrait en découler une certaine modestie ou retenue dans le ton politique et l'énoncé des programmes. De Gaulle avait dit : « Les programmes ne peuvent que mentir, soit aux électeurs, soit à la Nation. »

Un pouvoir diffus et lointain n'a pas que des inconvénients. Il « s'auto-équilibre » et évite les aventures de tyrans de rencontre. En outre, comme le déclarait M. Young, ancien compagnon de lutte de Martin Luther King et qui n'avait pas la réputation d'être réactionnaire (citation reprise du *Nouvel Observateur*), « si la révolution c'est de multiplier les biens et les services mis à la disposition des hommes et d'en assurer la meilleure répartition possible, alors les multinationales font ce travail beaucoup mieux que n'a jamais pu le faire aucun régime marxiste ». Et pourtant, peut-on s'en contenter ?

Dans un colloque organisé à Montreuil par le parti communiste sur les problèmes agricoles, un responsable précisait : « Nos adhérents ne sont pas des révolutionnaires. Ce sont des révoltés. » Ils ne sont pas les seuls à contester un pouvoir à la fois pesant et distant qui est celui du monde moderne et qui ne satisfait vraiment ni le besoin de sécurité ni celui de liberté. Révoltés par une société pour hypocrites efficaces et où les seuls critères étant quantitatifs toute différence entre individus est une injustice. Les réglementations européennes de Bruxelles n'ont pas vraiment amélioré la qualité de la production agricole, pas plus que les Nations unies le respect du droit des peuples.

Pour nous Français, conservateurs contestataires, révoltés qui rêvons d'ordre, le système soviétique aurait été l'enfer, mais le droit à la poursuite du bonheur inscrit dans la Constitution des États-Unis a aussi quelque chose d'inquiétant. Bien sûr nous voulons le bonheur, mais courir derrière la prospérité, le rendement, le niveau de vie relève un peu de ces chasses fantômes auxquelles étaient condamnés ceux qui avaient tué un jour saint. Le bonheur ne se poursuit pas, il se rencontre. Certes, dans ce monde moderne, nous essayons de jouer le jeu, nous courons puisque courir est la règle, mais avec un doute au cœur. Notre vérité à nous, c'était, et chacun peut avec raison la juger rétrograde et inefficace, que l'important n'était pas la course, mais de trouver sa place, je veux dire par là son rôle, son emploi et comme on disait autrefois son état. Il semble que plus personne n'ait d'état.

***

Ma famille est originaire d'un village à la limite de la Sologne et du Val de Loire où les bois s'enchevêtrent avec les vignes. Tous mes aïeux paternels ont donc été naturellement viticulteurs et forestiers. Sans doute mes parents forestiers étaient-ils légitimistes. Non pas parce qu'ils étaient depuis le XVIe siècle modestes fonctionnaires royaux attachés au domaine de Chambord, mais parce que s'occuper d'arbres ne pousse ni à l'égalitarisme ni à l'aventure. Le vocabulaire forestier, quand il emploie le mot « révolution », désigne une façon de traiter une forêt, et en ce cas la révolution peut être centenaire ou même davantage s'il s'agit de chênes... Mais nous savons tous aussi que le frêne sert à faire des manches de pioche, l'acacia, qui est incorruptible, des piquets de vigne, le charme des étals de boucher et des formes de chaussures et que le tremble, mauvais bois, bois d'emballage perdu, tire son nom frémissant du seul honneur affreux qu'il connut, celui d'avoir été le bois de la Croix. Nous savons tous aussi qu'on n'abat pas un arbre à n'importe quel jour de la lunaison pour qu'il sèche correctement et puisse être dévolu à un autre usage que le chauffage domestique.

L'homme « de droite » déclare volontiers qu'il n'est ni de droite ni de gauche et refuse la classification elle-même. C'est un signe. L'homme « de gauche » se veut plus optimiste sur la nature humaine, croit sincèrement qu'on peut la changer, voire l'améliorer. La déception peut être grande et risque, comme aujourd'hui, de créer un vide moral. « Pour bien gouverner en ce monde, il faut toujours voir les hommes comme ils sont et les choses comme elles devraient être », disait le vicomte de Bonald que j'ai eu le plaisir de faire applaudir dans des discours de fin de banquet par au moins quatre ou cinq chefs d'État communistes.

Les viticulteurs, eux, étaient souvent résolument républicains. Je me rappelle la fierté de mon père disant de la victoire de 1918 qu'elle avait apporté la preuve que la République pouvait gagner des guerres et sauver le pays. Ce que la droite avait toujours contesté.

Dans la commune d'origine de ma famille, au début

du siècle, quand mon grand-père en était le maire, un château local particulièrement imposant avait été mis en vente à la suite de la lente dégradation de la famille de ses propriétaires. De gré à gré, sinon aux enchères. La veille de l'adjudication, un vigneron en blouse se présenta chez le notaire avec son âne porteur de ce double panier utilisé pour les vendanges, chargé de pièces d'or, et qu'il vida sur la table, enlevant ainsi l'affaire. Pour habiter le château ? Non, pour le raser. Il n'aimait pas les toits plus hauts que les autres. La vocation des viticulteurs, qui ne furent jamais serfs, est dans le monde rural aussi celle du libre arbitre et du caractère. A Sancerre, la République dominant, ils soutinrent la Vendée.

Qu'elle est complexe, la région de la Loire qui est la mienne, de la Touraine au Berry ! Deux communes à 3 km de distance, qui paraissent deux villages absolument semblables, ont toujours voté l'une à gauche, l'autre à droite. Et ce sera ainsi pour toujours, semble-t-il, sauf si la fureur bâtisseuse d'édiles locaux voulant démontrer leur efficacité réussit à couvrir tout le territoire de lotissements sans âme. Simplement, les étiquettes changeront lentement, pour s'adapter au vocabulaire modéré, ou pour continuer à s'affirmer contestataires. Et encore rien n'est simple.

Le parti communiste local se battait pour le maintien des fêtes patronales de la Saint-Vincent ou de la Saint-Barnabé, interpellait les ministres de passage parce que les ingénieurs avaient interdit d'aller aux escargots en forêt de Boulogne (droit multiséculaire qui remonte au Moyen Âge, quand la forêt était bien commun et qu'on y vivait) et gagnait les élections locales, son candidat étant l'instituteur qui s'occupait le mieux des écoliers. Le couplet rituel contre le capitalisme et les multinationales n'était que la traduction du sentiment profond, et profondément conservateur, que ce monde est devenu fou ou pour le moins difficilement habitable, que les notions de compétitivité, de rentabilité, d' « agressivité » chères au jargon technico-commercial, sont contraires à toute civilisation fondée sur le respect de l'homme et donc qu'on est parfaitement justifié à être contre les gros, contre le profit, et contre ce monde qui est celui du profit des gros. Les châtelains, excellents maires eux aussi, tenaient d'ailleurs à peu près le même langage.

Faut-il en conclure que les communistes n'étaient pas de vrais communistes et les châtelains de vrais châtelains ? Sûrement pas. Le refus latent du monde « moderne », nourri de ce fonds rural et catholique qui a dominé longtemps notre société, est commun au plus grand nombre. De même que l'irritation permanente à l'égard des pouvoirs publics accusés contradictoirement de s'occuper de tout et de ne jamais en faire assez ! Mais chacun, pour le reste, garde ses opinions. Chacun sait aussi qui est de gauche et qui est de droite.

Le père d'un vieil ami, qui avait à Blois un magasin « armes et cycles » comme il en existe tant en France, avait abandonné la profession dans les années 30 en considérant qu'elle était « politiquement intenable ». Soit il pavoisait pour la fête de Jeanne d'Arc (à l'époque, signe incontesté de l'attachement à la droite nationaliste la plus active), et il faisait plaisir à sa clientèle des châteaux qui lui achetait fusils, munitions, équipements de gardes-chasses. Mais sa clientèle populaire de gauche, qui lui achetait les vélos, lui tournait le dos. Soit il pavoisait pour le 14 juillet, fête républicaine, et les amateurs de cycles étaient heureux, mais les châtelains lui retiraient leurs commandes. Arborer le drapeau tricolore pour les deux fêtes ? Compromis indigne, le voilà bien le faux « centre » politique, sans foi ni loi, on lui aurait des deux côtés non seulement refusé la pratique, mais la main. Il décida de vendre son commerce d'armes et cycles, et s'établit marchand d'articles de pêche. « C'est moins engagé », me disait-il.

Chacun sa vérité, dit-on. Chaque classe, chaque profession, chaque communauté, chaque province, chaque âge présente la sienne, pour ne pas parler des mouvements politiques. Ces images sont contradictoires ? Oui. Nous voulons le progrès, mais pas les conséquences du progrès. Nous voulons plus d'égalité, mais sans toucher aux hiérarchies profondes et subtiles qui nous relient. Nous sommes contre les privilèges, ceux des autres. Au fond, nous sommes injustes avec notre siècle. Il est à notre image qui est double, joignant le meilleur au pire. Ce n'est pas la vérité qui est diverse, trompeuse. Seulement la façon de regarder la vérité.

*
**

Le désert a toujours eu ses conteurs. Il était une fois, dit le conteur, un pauvre chamelier qui habitait très loin dans le désert. Depuis toujours il rêvait d'une chose : aller à la ville, dont il avait plusieurs fois vaguement entendu parler. Mais sa femme ne voulait pas qu'il aille à la ville. Vous le savez, vous tous qui m'écoutez, les femmes ont toujours détesté les rêves de leurs maris.

Jusqu'au jour où, comprenant qu'il était vraiment décidé, sa femme lui dit : « Va à la ville, puisque tu y tiens tant, mais alors promets-moi de me rapporter un cadeau. — Oui, dit le pauvre chamelier, je te le promets, que veux-tu ? — Je veux un grand peigne en argent pour mettre dans les cheveux et qui est comme un diadème. Surtout n'oublie pas. — Et si j'oublie ? dit le chamelier. Tu me dis toujours que je n'ai pas de tête. »

C'est le soir. Il fait très chaud dans le désert et on ne voyage qu'après le coucher du soleil. Dans le ciel brille déjà un mince croissant de lune, comme un diadème. La femme du chamelier lui dit : « Si tu oublies le cadeau que je veux, tu n'auras qu'à regarder la lune et tu t'en souviendras. C'est tout à fait la même chose. » Et le chamelier part avec son chameau dans la nuit.

Quand il a fini de voir la ville et au moment où il va se mettre en route pour revenir chez lui, il se souvient qu'il doit rapporter un cadeau à sa femme. Il le dit au commerçant avec qui il parle. « Voilà une excellente idée, répond le commerçant. Quel cadeau veut-elle ? » Le pauvre chamelier dit : « J'ai oublié. Je me souviens seulement que ma femme m'a dit : " Si tu oublies, tu n'as qu'à regarder la lune et tout de suite tu sauras ce que je voulais. " »

C'est le soir, puisqu'on ne voyage que la nuit. Mais le pauvre chamelier habitait loin, très loin dans le désert. Il fallait beaucoup de temps pour aller de son campement à la ville. Le commerçant regarde la lune, elle est pleine, elle est maintenant un disque superbe rond et brillant. Il dit : « C'est évident. Ta femme veut un miroir. Voilà le cadeau qu'elle attendait. » Et il lui vend un miroir qu'il enveloppe dans un papier avec de la ficelle. Quand le chamelier rentre dans son campement, il dit à sa femme : « Tiens, voilà le cadeau que tu m'avais demandé et que je rapporte pour toi de la ville. »

La femme va se mettre dans un coin de la tente, s'accroupit, ouvre le paquet, le regarde et pleure.

Il faut se souvenir que c'était un très pauvre chamelier, que sa femme était très pauvre aussi et qu'elle n'avait jamais vu de miroir. Sa mère qui est dans un autre coin de la tente lui demande : « Pourquoi pleures-tu, ma fille ? » Elle répond : « Parce que mon mari ne m'aime plus. — Mais pourquoi dis-tu cela, dit la mère, tu n'en sais rien. — Si, je le sais, dit la fille en regardant le miroir. Il m'avait promis de me rapporter un cadeau de la ville et ce qu'il a rapporté, c'est une autre femme. »

Ne partez pas, dit le conteur. L'histoire pourrait s'arrêter là, mais elle n'est pas finie. La mère dit : « Ce n'est pas possible qu'il ait fait cela, montre-moi. » Et elle prend le miroir. La mère est aussi une femme très pauvre et qui n'a jamais vu de miroir. Elle le regarde et dit à sa fille : « Ne pleure plus, ma fille. C'est vrai qu'il a rapporté de la ville une autre femme. Mais tu n'as rien à craindre, elle est très vieille et très laide. »

⁂

Je crois que la vérité existe, même si nous ne la devinons qu'à travers des miroirs qui nous reflètent d'abord nous-mêmes. Je me méfie de ceux qui prétendent la détenir. Il m'a semblé qu'on pouvait l'apercevoir ici ou là, et pour un moment. Les linguistes ne seront sans doute pas d'accord avec mon étymologie : pour moi, révélation veut dire voiler de nouveau, de *re-velare* en latin. Ce qu'on peut connaître est seulement ce qui un instant, pas plus qu'un instant, a été dévoilé.

La vérité est une. Le mensonge est multiple. La partie n'est pas égale.

Le mensonge, lui, est présent partout, tout le temps. Disons des vérités. Au pluriel. Par modestie. Disraeli avait eu cette boutade trop célèbre : « Il y a le mensonge, le satané mensonge, et la statistique. » Il voulait seulement souligner le danger moderne de tout appareil apparemment scientifique. Puis, l'utilisation systématique des chiffres et des faits dans un but politique s'est appelée propagande. Les nazis et les Soviétiques ont été les maîtres. La désinformation, spécialité plutôt anglo-saxonne à l'origine, consiste à doser habilement, et quasi scientifiquement, les informations vraies et fausses pour faire passer les fausses. L'extrême a été atteint quand sous la confidence la plus sacrée les Anglais ont fait savoir à des résistants français le lieu du futur débarquement allié, faux, pour que sous la torture ils l'avouent aux Allemands, avec la crédibilité que donne un tel aveu, et que les Allemands croient que ce serait dans le Pas-de-Calais. Dans des circonstances moins dramatiques M. de Marenches, responsable des services secrets français, avait coutume de dire : « Les agents conscients, je m'en charge. Les inconscients, hélas... » Aucun mot n'est innocent. L'invention par les Occidentaux de l'expression *le monde libre* a été une très brillante opération de la guerre froide. Les Soviétiques ont mis du temps pour répliquer (le camp socialiste contre le camp capitaliste).

La forme la plus actuelle de la désinformation est la surinformation. Parmi trop de nouvelles, il devient de plus en plus difficile de faire le tri entre les mensonges, volontaires ou non. Quand la presse française s'est livrée à une sorte de concurrence sur le nombre de victimes en Roumanie, était-elle manipulée ou non ? On sait maintenant que, Dieu merci, il n'y a pas eu 60 000 victimes, mais un millier. Les médecins, qui ont l'habitude de calculer la proportion entre tués et blessés, avaient été les premiers à réagir contre des informations manifestement exagérées. On sait maintenant aussi que l'éviction de Ceaucescu correspondait à un complot destiné à présenter un visage du communisme moins caricatural (et aussi moins antirusse...). On sait que des enregistrements sonores imitaient le bruit des mitrailleuses pour donner l'impression de terreur généralisée. On sait que contrairement à la version répandue par tous les médias, ce n'est pas la valeureuse armée qui luttait contre les méchants agents de la police secrète acharnée à défendre la dictature passée, mais bien ces agents de la Sécuritati qui se battaient pour imposer le nouveau régime communiste contre des poches de résistance militaire. On sait qu'il n'y a pas eu de charniers à Timisoara (il y en eut, hélas, ailleurs, passés sous silence), mais la photographie des corps exhumés de la morgue d'un hôpital. Les journalistes français auraient dû prêter attention au fait que toutes les dépêches initiales dramatisant les événements étaient des dépêches d'agences officielles communistes.

L'admirable « révolution de velours » de Prague a été provoquée par une politique très déterminée de l'Union soviétique, dont le but était, en chassant une équipe ancienne et dépassée, de moderniser le communisme pour le maintenir, mission précisément confiée à M. Gorbatchev. La foule était descendue dans la rue pour protester contre la mort d'un étudiant qui n'était pas un étudiant et qui n'avait pas été tué. La presse anglaise a retrouvé l'officier des services secrets qui avait joué ce rôle sous une couverture.

Mais ce système, si bien monté, a très vite échappé à ses auteurs, à Berlin, à Prague, etc. (sauf Bucarest). Le peuple a voulu aller plus loin à la grande surprise puis à la grande inquiétude des bureaucrates occidentaux. Mis en goût par un premier air de liberté, il a voulu la démocratie et l'Europe. Les médias avaient été trompés. Les experts se sont trompés. Il existe au Quai d'Orsay un rapport expliquant que, quoi qu'il arrive, une république « populaire » au moins subsistera, l'Allemagne de l'Est en raison de sa solidité et de sa spécificité fondée sur la tradition prussienne et luthérienne... D'où les erreurs répétées d'appréciation des autorités françaises au niveau le plus élevé ? Mais il faut dire aussi que parfois les diplomates écrivent ce qu'ils croient que leur ministre a envie de lire. Et parfois des journalistes annoncent ce qu'ils pensent n'être pas mauvais pour l'audimat.

Ainsi est née pratiquement sous nos yeux et à nos oreilles une nouvelle forme de mensonge dont il est impossible, et vain, de chercher à savoir si elle est délibérée ou non, si elle est individuelle ou collective. Un autre auteur britannique, que j'ai souvent cité lors de la guerre du Golfe, disait : « Dans toute guerre la première victime est toujours la vérité. » Désormais il faut déplorer beaucoup de pertes en temps de paix.

Une variante particulièrement pernicieuse du mensonge est celle du mensonge dit « utile ». Faut-il donner des témoignages « arrangés », si c'est pour la bonne cause ? Doit-on dramatiser, si c'est la seule façon de faire passer le message ? Comment passionner l'opinion sur un sujet et qu'elle apporte sa contribution financière, alors que tant de catastrophes se bousculent sur nos écrans, famines, massacres ou tremblements de terre ? Il faut faire du tapage disent les uns, sinon vous n'êtes pas écouté dans le tohu-bohu médiatique. Ce n'est pas faux. D'autres hésitent. Ils ont raison.

Les meilleures photos de guerre sont souvent « bidonnées », c'est-à-dire reconstituées « après ». En pleine opération, il y a trop de fumée et de bruit, sans parler du danger, pour prendre des documents de qualité permettant la reproduction. La photo du pilote d'un avion détourné par des terroristes, un pistolet braqué sur la tête, a fait le tour du monde. Elle a été « organisée » très cher à la suite d'un marché en dollars entre les intéressés, y compris les terroristes, à l'initiative d'un correspondant de presse. La photo est bonne, elle a fait parler du terrorisme et de ses dangers. Certes, mais est-ce suffisant pour justifier la mise en scène ? Et comment marquer la limite, à quel moment crier : holà ? Qu'il s'agisse de « charité-business », de couverture de l'actualité, de propagande intéressée ou non, on est désormais à la limite du mensonge politique, et souvent du mauvais côté.

Sauver des blessés est utile, d'abord pour les blessés, c'est même un devoir essentiel à l'égard des victimes de tous les camps. Mais cela n'a jamais remplacé une politique étrangère cohérente et ferme. « Les femmes et les enfants d'abord » est une règle traditionnelle d'évacuation dans les catastrophes maritimes. Elle ne remplace ni la loi internationale ni la démocratie, et ne peut pas tenir lieu d'alibi à leur violation.

Certains, les bons apôtres, s'inquiètent du nombre des abstentionnistes aux élections, de la poussée des mouvements extrêmes, d'une maladie de la démocratie. La presse reprend ces inquiétudes et les relance. Mais ce n'est pas la presse qui est responsable. Ce sont les dirigeants politiques qui malheureusement sur quelques sujets essentiels se sont trompés et ont trompé. En promettant des solutions rapides au chômage — je ne connais pas de spécialiste qui ait vu clair ou osé le dire. En refusant de traiter les problèmes des travailleurs émigrés en temps de crise (en temps de prospérité, on les faisait venir) autrement que par incantation et diabolisation réciproque. Autrement dit, en se servant des difficultés réelles d'emploi, de sécurité, d'éducation plutôt qu'en essayant de les régler. Il aurait fallu dire quelques vérités sur le respect des autres qui n'est pas dissociable du respect de nous-mêmes ; mais aussi sur les distinctions indispensables à opérer entre différentes catégories de non-nationaux si l'on veut apporter des solutions. Intégrer Yves Montand ou Johnny Hallyday n'a rien à voir avec le problème des réseaux de prostitution ghaniens ou de la faim au Bengladesh ou de la guerre civile au Sri-Lanka. Mais les objectifs politiques l'emportaient et, avec eux, les généralisations systématiques intentionnelles. D'un côté, théorie du bouc émissaire qui est le contraire de nos traditions. De l'autre, accusation polémique de « réaction sécuritaire » ou « volonté d'exclusion ». Insulte contre insulte et surtout injure à la vérité.

Un jour le public en aura assez d'être trompé, même pour la bonne cause, et on critiquera la cause elle-même. Ange veut dire messager. Les messagers qui ne respectent pas les messages s'appellent les démons. Le messager sans message était appelé le Malin.

VI

LA RÉBELLION

« Je ne suis pas un partisan systématique du désordre. Mais, précisément, je n'aime pas que l'on dise que personne ne bouge, alors que personne n'est encore à sa place. »

Je n'aime ni la tyrannie, ni la corruption, ni la lâcheté. Peut-être suffirait-il de dire : je n'aime pas le pouvoir des uns sur les autres.

Le seul héritage que j'ai reçu de ma grand-mère maternelle est un livre de prières en anglais édité à la fin du siècle dernier à Melbourne, Australie. Dans ce genre de missel, on trouve d'habitude des images pieuses, des souvenirs de première communion, des faire-part de baptême ou de décès. Rien de tout cela dans celui de ma grand-mère. Seulement, découpée dans un journal et jaunie par le temps, la photo de Terence MacSwiney, lord-maire de Cork, premier patriote irlandais à être mort d'une grève de la faim pour l'indépendance de son pays.

C'est bien des années plus tard qu'à Paris, à l'École de guerre, un général français me demandera : « Mais pourquoi êtes-vous toujours du côté des rebelles ? » J'ai répondu que je devais avoir mauvais caractère. En fait je n'ai pas oublié le message silencieux du livre de messe de ma grand-mère. Quand en Australie, les juges à perruque condamnaient les forçats d'origine irlandaise, ils les faisaient pendre couverts de chaînes, avec des fers aux mains et aux pieds, pour rappeler que, même morts, attachés au gibet, ils restaient des rebelles. A plus de soixante ans, mon regret n'est pas d'avoir trop parlé pour protester, d'avoir trop souvent pris les armes, mais trop souvent de n'avoir rien dit par indifférence ou ignorance. Sans doute, je n'ai jamais supporté le spectacle de la déroute en juin 1940 qui a dû marquer mon enfance.

Je n'ai pas oublié non plus ce que m'avait enseigné ma mère : « Quand tu vois deux chiens qui se battent, par réflexe et sans discuter, tu prends le parti du chien qui a le dessous. » *Underdog* en anglais. Si j'ai un remords, c'est de ne pas avoir autant qu'il l'aurait fallu, autant que je l'aurais pu, pris position pour l'*underdog*.

Quand j'étais ambassadeur ou ministre j'ai systématiquement et sans le dire profité de mes fonctions pour tirer des prisons de dictatures diverses, en Europe de l'Est ou en Afrique, des dizaines et des dizaines de détenus politiques. La technique pouvait changer suivant le pays et mes interlocuteurs. Dans un pays de l'Est, j'avais regretté lourdement devant le ministre qui m'accueillait qu'il ne soit « pas plus important dans la hiérarchie communiste » et qu'il ait « si peu de contacts avec le vrai pouvoir, celui de la police ». Il s'était vexé, bien sûr, et je l'avais mis au défi de me prouver son influence. (Elle n'était pas si faible que cela, je le savais.) Bilan : quatre « prisonniers de conscience » libérés, qui portaient sur leurs papiers d'identité le tampon spécial « origine sociale malsaine » et pour lesquels personne n'avait jamais rien pu faire.

Au cours d'une visite officielle en Afrique le consul de

France me fait dire qu'un de nos compatriotes était prisonnier depuis plus d'un an, sans aucun motif connu et que l'ambassadeur lui-même avait renoncé à en parler au chef de l'État. J'ai tout de suite demandé quelle activité professionnelle avait été celle de notre compatriote :

« Ébéniste.

— Bon ?

— Très bon, excellent. Son arrestation est vraiment inexplicable... »

Pour moi, c'était tout clair. Je suis allé voir le chef de l'État et lui ai dit en passant qu'il pouvait faire libérer le Français si bon ébéniste, tous ses ministres depuis un an ayant eu largement le temps de refaire à neuf leur mobilier... On racontait que des administrateurs coloniaux français dans les postes de brousse collaient une longue peine de prison parfaitement théorique à leurs administrés qui étaient les meilleurs spécialistes : cuisiniers, maîtres d'hôtel, chauffeurs, jardiniers, mécaniciens, pour qu'on ne les leur pique pas. La tradition continuait à être appliquée au sommet après notre départ avec un peu d'excès. Le président de la République m'a répondu : « Tu nous connais trop ; fiche le camp avec lui. » Libération dont bien évidemment je n'ai jamais parlé. Le respect va à ceux qui savent et se taisent.

Qui ne se souvient de l'admirable devise de Jacques Cœur : « Dire, faire, taire. »

Il n'y a pas qu'en Afrique que la plus grande efficacité implique souvent la plus grande discrétion. (C'est dans les cas de guerre et de drames collectifs que l'on peut et doit faire du « tapage » pour apporter l'espoir.) Danièle

Delorme m'avait demandé d'intervenir en dernier recours en faveur d'un détenu politique en réel danger de mort. Je lui ai dit : « Oui, si personne n'en parle. » Et j'ai commencé à organiser avec des réseaux amis une évasion d'une forteresse militaire ! Périodiquement Danièle Delorme, très inquiète, insistait pour faire signer une pétition par les personnalités du monde artistique et littéraire. A chaque fois, je répondais non. A chaque fois, elle ajoutait un nom prestigieux de plus. Elle a accepté de me faire confiance et j'ai pu un jour lui téléphoner que son protégé venait de passer la frontière.

Dans un cas particulier, j'ai même inventé un genre tout à fait nouveau de protestation qui est la « pétition non publiée ». Marek Edelman, dernier survivant du commandement militaire de l'insurrection du ghetto de Varsovie, passe par Paris début 1986. A une réunion en son honneur chez le docteur Jacques Lebas, j'entends un industriel français (aussi d'origine polonaise) dire en le désignant : « Quand on est passé par quoi est passé cet homme, ne pas émigrer n'est pas de l'héroïsme, seulement de la connerie. » Marek explique que la situation des prisonniers politiques en Pologne devient dramatique, conditions de détention inhumaines, grèves de la faim, aucune possibilité de défense, etc. La réception officielle à Paris du général Jaruzelski n'a pas du tout incité le régime communiste polonais à évoluer dans le bon sens, au contraire. Il y a vu un blanc-seing qui lui a permis d'aggraver la répression. Le docteur Edelman nous demande d'intervenir d'urgence. Quelqu'un propose une pétition. « On pourrait faire signer... etc. » La routine de l'indignation.

Je réponds : « Nous allons faire le contraire. En

Pologne une nomenklatura gouverne. Les noms des vedettes de cinéma et des intellectuels ne l'impressionnent absolument pas. Faisons signer la nomenklatura française. Les grands responsables des partis, des syndicats, des organisations professionnelles. *Ceux qui ne signent jamais.* »

Puis, nouvelle révolution, je propose de ne pas publier la pétition ! Mais d'écrire une lettre au général Jaruzelski en lui signalant dans les formes requises qu'il est nécessaire pour la Pologne de libérer tous les prisonniers politiques. Et que, dans le cas d'une réponse positive, ma lettre restera secrète... Du chantage, me dira l'ambassadeur. Non, du conditionnement.

Je signale, pour l'honneur de notre pays, alors que nous étions en pleine période électorale, que tous les anciens Premiers ministres que j'ai contactés ont signé sans hésitation, Jacques Chirac, Raymond Barre, Pierre Mauroy (et un futur Premier ministre, Michel Rocard). Tous les chefs de partis, de Lionel Jospin à François Léotard. Parmi les présidents de grandes organisations syndicales et professionnelles, je n'ai eu que deux refus.

Pour maintenir la pression, mais toujours sans publier la lettre, j'ai posé une question au gouvernement français, publiquement, pour qu'il y ait un rapport. Périodiquement, par des réseaux d'amis à Varsovie où mon pseudonyme était « l'Oncle », je faisais faire allusion en Pologne à la lettre et à sa prestigieuse liste de signatures. Parfois un journaliste interrogeait de façon faussement innocente le porte-parole du gouvernement communiste lors de conférences de presse. Je m'étais aussi entendu avec quelques puissances aux États-Unis pour que le réexamen de la dette polonaise soit totalement bloqué… Enfin, dans les contacts avec l'ambassadeur de Pologne à Paris, j'avais moi-même suggéré la solution : une amnistie à l'occasion, naturelle, de la fête nationale. Cela ne suffit pas, il fallut que je me rende sous un prétexte officiel à Varsovie, que je discute plus de trois heures en tête-à-tête avec le secrétaire du comité central du parti communiste que je connaissais depuis longtemps et que j'arrache un à un les dix derniers noms des prisonniers à libérer. Il fallut aussi que je me batte pour que soit supprimée une formalité que le parti communiste avait imposée : l'obligation pour les prisonniers de signer un document « reconnaissant qu'ils s'étaient trompés ». J'avais vu à Varsovie les mères ou les femmes de plusieurs de ces détenus qui étaient l'objet d'une haine spéciale du régime, parce qu'ils étaient anticommunistes, parce qu'ils étaient des *ouvriers anticommunistes.* Les mères et les femmes m'avaient dit, parlant de leur fils ou de leur mari : « S'il a fait cela, c'est qu'il croyait que c'était bien. Il ne dira pas qu'il s'est trompé. » Ils n'ont pas eu à le dire. Puis je suis parti déposer une gerbe avec un ruban tricolore sur la tombe du père Popieluszko, assassiné en 1984. Mais l'ambassade de France ayant fait détruire la gerbe que j'avais préparée, par crainte d'incident diplomatique, m'apprit-on sur place, j'ai déposé trois fleurs qu'une vieille femme sortie de la foule m'a données.

*
**

L'*underdog* peut être aussi un peuple oublié.

C'est un exilé cubain, rescapé des geôles de Castro après vingt ans de détention, qui m'avait alerté :

« Tu dois aller chez les Indiens Miskitos.

— Mais...

— Les communistes sont en train de les détruire.

— Les Miskitos ?

— Personne ne s'intéresse à eux. Tu dois y aller. »

J'y suis allé.

Le fleuve où vivent ces Indiens du Nicaragua est large comme trois ou quatre fois la Seine, et je ne connaissais même pas son nom. Ses eaux boueuses charrient des îles flottantes de jacinthes et des arbres arrachés aux montagnes de l'horizon qui, loin en mer, marquent son estuaire d'épaves déchiquetées. La grande forêt tropicale se courbe en départ d'ogive et fait à ses berges un encadrement de cathédrale ruinée. D'une rive à l'autre, des Indiennes, accroupies dans des pirogues creusées dans un seul tronc, transportent des bananes ou des épis de maïs. Des enfants nus pêchent ou se baignent. Dans une case sur pilotis au bord du fleuve, un Indien chante. Après l'embarquement clandestin de nuit, avec armes et bagages, pour éviter les garde-côtes cubains, après l'épuisante équipée en mer contre la houle et sous les orages répétés, dans notre trop léger canot non ponté, nous touchons terre. C'est l'aube. Paysage de découverte du monde.

Voici la nature comme la peignait Rousseau le douanier, faite de palmes, de manguiers, d'arbres à pain, de flamboyants et de lianes. Voici l'homme comme en rêvait Rousseau le philosophe, sans vêtement ni péché originel. Mais le peintre a omis tous les insectes volants ou rampants de la création. Le philosophe n'avait pas pensé que l'Indien qui chante sous son toit de latanier chanterait en nettoyant une mitrailleuse lourde de 12,7.

Je ne suis pas près d'oublier ces combattants de la boue avec un chapelet autour du cou, ces frères moraves lointains disciples de Jean Hus, réformateur de l'Église un siècle avant Luther, dont les cendres furent jetées dans le Rhin en 1415 et dont la statue est à Prague. L'Europe a trop de rivages.

La dictature de Somoza avait largement ignoré les Indiens qui le lui rendaient bien. Il n'y avait pas de profit à en tirer. Quand une coalition de toutes les tendances politiques, des communistes aux libéraux et conservateurs en passant par les socialistes et les chrétiens-démocrates, réussit enfin à chasser le caudillo de Managua (avec l'appui du président Carter), l'événement n'eut aucun impact sur les Miskitos. Ils étaient à peine concernés. Mais la prise en main rapide de la révolution par les communistes allait très vite les ramener aux réalités.

Le régime de Managua allait s'intégrer dans le dispositif soviétique : conseillers cubains pour l'armée, Allemands de l'Est pour l'état-major et pour les transmissions, Bulgares pour la doctrine et même Libyens pour les opérations « spéciales ». Le chef de la junte, le commandant Ortega, s'empressa de rendre visite au colonel Kadhafi après une tournée dans l'ensemble des capitales de l'Est. Le gouvernement de Managua décidait d'essayer, comme sur des cobayes, la révolution sur les Indiens Miskitos. La révolution telle qu'elle avait été définie dans les livres de Marx, Engels et Lénine. A ce peuple vivant en communautés de pêche et d'un peu de culture sur brûlis, à ce peuple nomade de la forêt ignorant pratiquement tout du droit de propriété, le régime entendit appliquer une réforme agraire : celle de l'Union soviétique, comme en Union soviétique ! Les Miskitos avaient l'habitude d'une démocratie naturelle fondée sur la famille et le village, exprimée par la voix des anciens, on voulut leur imposer le système du parti tel qu'il existait dans les dictatures de l'Europe de l'Est. Quand leurs chapelles furent transformées en permanences politiques, les Miskitos prirent leurs fusils de chasse pour défendre leur façon de vivre et leur foi. Le Congrès américain venait de supprimer toute assistance à la résistance nicaraguayenne considérée en bloc comme « de droite » et à la suite d'une campagne au Congrès contre « un nouveau Vietnam ». J'étais bien seul avec eux. Tout manquait : les vivres, les armes lourdes, l'essence pour les moteurs hors-bord des pirogues. Pas la volonté de rébellion. Bien sûr, il ne s'agissait pas d'une grande guerre, de mouvements de chars et duels d'artillerie ; la nature ne le permettait pas. Il s'agissait d'abord de survivre et de protéger la population. Il s'agissait d'éviter des pertes en hommes, car chaque partisan n'est pas un numéro matricule : c'est un parent, un ami, un voisin connu par son prénom.

Qui pouvait en ce monde en proie à tant de problèmes et d'inquiétudes s'intéresser à ces quelques milliers d'Indiens perdus dans leur jungle et que nos dictionnaires classaient parmi les ivrognes et les voleurs ? Qui pouvait considérer que leur cas était aussi symbolique et important que celui de Sakharov à l'époque exilé à Gorki, que celui de combattants plus illustres comme les Afghans ? Je pensais à la distinction, parfaitement satanique dans sa logique, faite par les nazis : « Les Juifs, néfastes, doivent être détruits. Les Tziganes, inutiles, peuvent être seulement stérilisés. » Dans ce monde rêvé par les doctrinaires, il n'y avait pas de place pour les Miskitos. Pourquoi Joan Baez qui chantait si bien pour le Vietnam ne chantait-elle pas pour eux ? Pourquoi la gauche américaine était-elle silencieuse ou même complice, elle qui s'était mobilisée pour défendre les Indiens dans son propre pays ? Et la France ? La France qui conservait pourtant en Amérique centrale son prestige de témoin de la liberté... La France avait, elle aussi, choisi d'aider les tyranneaux de Managua. Parce qu'ils étaient antiaméricains ?

La pluie tombait, les moustiques bourdonnaient, la radio passait en code un message à quelque poste lointain dans la forêt. Nous allions en pirogue dans le lacis des fleuves, dans la pénombre des grands arbres battus par l'averse. D'autres patrouilles partaient avec leur armement hétéroclite et rapportaient quelques fruits à demi sauvages cueillis dans d'anciennes plantations détruites par les sandinistes et reconquises par la jungle. La liberté, un mot creux ? Non, seulement le droit de se rebeller pour survivre.

***

Il y a plusieurs années, un ouvrage collectif avait été consacré au *devoir d'ingérence.* Très belle expression due à Jean-François Revel qui en avait fait le titre d'un article dans *L'Express* en 1979. Amicalement Bernard Kouchner m'avait laissé le choix du thème que je voulais traiter. J'avais choisi : « Peut-on se révolter contre la loi ? » Je n'ai pas à changer un mot à ce que j'ai écrit à cette époque.

« La déclaration des droits de l'homme de 1789, citée mille fois, fixe comme l'un des droits imprescriptibles de l'homme celui de la *résistance à l'oppression*. Les rédacteurs de ce texte visaient les dictatures barbares et sanguinaires, *sans loi*. Humanistes, nourris de Montesquieu et des auteurs latins et grecs, ils considéraient que la meilleure garantie contre la dictature, l'arbitraire et donc en faveur des droits de l'homme, était la loi elle-même.

« Cette fin de siècle et de millénaire nous a apporté un certain nombre d'éléments nouveaux en forme de vérités amères. L'une d'entre elles est que s'il existe des dictatures sans loi ou contre la loi, la loi peut aussi être une dictature ; et que les pires dictatures sont même celles qui s'appuient sur la loi. Autrement dit, *la légalité ne peut plus être le seul critère*. Comme il est dit dans l'Écriture que l'arbre sera jugé à ses fruits, pour respecter une loi il nous appartient désormais de voir si ses conséquences sont respectables.

« Autre leçon de cette fin de siècle : il y a différents types d'atteintes aux droits de l'homme. Les dictatures les plus dures, les plus fermées, les plus totalitaires, sont celles, hélas, qui résistent le mieux à toute amélioration. Les atteintes aux droits de l'homme qui peuvent se produire dans les démocraties libérales sont dénoncées et corrigées grâce à la liberté. Dans les régimes autoritaires ou dans les semi-dictatures, où existe une certaine pression de l'opinion et qui ont des relations internationales quasi normales, une action est encore possible. Mais quand un régime se fonde sur un système de pensée totalitaire traduit dans la loi, alors il est beaucoup plus difficile de l'attaquer et de le renverser. L'absence de liberté ne permet pas de corriger les atteintes à la liberté. Comme le faisait remarquer Madame Carrère d'Encausse, si un pays est totalement fermé, si toute personne qui dévie par rapport à la vérité unique et officielle est considérée par la Constitution soit comme un malade mental, soit comme un traître à la solde de l'étranger, alors disparaît la notion même de prisonnier politique.

« Ceci entraîne une double conséquence :

« 1. La légalité ne peut plus être notre seul critère.

« 2. Il est nécessaire d'admettre que l'enfer a ses cercles, et que nous ne pouvons pas traiter tous les cercles de l'enfer de la même façon.

« Dernière remarque amère : il ne suffit pas de s'être battu contre une dictature pour avoir un brevet de démocrate. Sinon, Staline serait le plus grand démocrate de tous les temps. Comme on dirait à la SNCF, une dictature peut en cacher une autre. Nous avons trop d'exemples en ce sens dans le tiers monde notamment.

« Il faut donc revenir à une conception de la loi qui soit non seulement celle de la légalité, mais aussi, de la légitimité. Sans reprendre le débat entre Antigone et Créon, il faut reprendre et revivifier la notion de « loi au-dessus des lois ». Et la loi au-dessus des lois, c'est la démocratie. Des élections libres en Namibie, comme le demandent les Nations unies ? Certes ! Mais pourquoi en Namibie seulement ? Pourquoi pas aussi en Pologne, en Afghanistan, au Chili, au Cambodge ?

« Des millions d'habitants ont fui leurs pays, en Afghanistan, en Indochine, en Afrique. Les statistiques de réfugiés du Haut-Commissariat des Nations unies sont à cet égard le témoignage d'accusation le plus clair et irréfutable. Fuir est l'expression d'une opinion. Se battre aussi. Des hommes et des femmes un peu partout dans le monde ont pris les armes parce qu'ils considéraient comme intolérable leur situation, et que prendre les armes était l'ultime et unique possibilité d'exprimer leur avis sur le sort de leur propre pays et d'eux-mêmes.

« Ce que je vais dire n'est pas pessimiste, au contraire : le meilleur défenseur des droits de l'homme, c'est l'homme lui-même.

« Ce ne sont pas les institutions internationales, Nations unies ou Unesco, qui ont pris l'initiative des questions, protestations, actions. Très peu aussi les gouvernements nationaux, soucieux de légalité et de bons rapports diplomatiques. C'est seulement quand sur le terrain, des hommes et des femmes ont dit « non » que les problèmes sont apparus, ont pris une dimension politique, diplomatique, militaire, sont devenus un enjeu, voire un objet de marchandage, dans une stratégie Est-Ouest.

« Beaucoup de nos compatriotes, médecins et autres, ont eu l'expérience de l'illégalité imposée et du témoignage solitaire. Si j'en suis aujourd'hui à une douzaine de passages clandestins de frontières, ce n'est pas par plaisir masochiste, ce n'est pas par goût de l'illégalité, c'est parce qu'il n'y avait pas d'autre solution pour dire et agir... Sans nouvelles et sans médias, pas de pression sur les opinions publiques.

« Au poids de la légalité elle-même qui retient les pouvoirs en place s'ajoutent les intérêts commerciaux, culturels ou autres, et même les usages diplomatiques. Ce n'est pas la tâche d'un ambassadeur de s'occuper directement des droits de l'homme et de contester la politique du pays où il est en mission. On a ainsi pu lire dans la presse qu'une directive avait été envoyée par le gouvernement français recommandant à nos ambassades d'Amérique latine de ne pas accorder de droit d'asile, pour éviter les difficultés avec les autorités locales...

« Plus généralement le système français, très commode, est de reconnaître les États et non pas les régimes, ce qui évite de poser le problème moral de la légitimité et donc les cas de conscience.

« C'est pourquoi il faut rétablir, comme une loi, la légitimité au-dessus des lois.

« Dans la Constitution soviétique, donc au niveau supérieur de la loi, est inscrit le *devoir internationaliste.* Dans tous les pays où l'Union soviétique intervient, ainsi que les autres membres du bloc de l'Est, Allemands de l'Est, Bulgares, Tchèques, Cubains, etc., leurs agents sont appelés les « camarades internationalistes ». Leur présence est officiellement, légalement fêtée, saluée, remerciée, etc. Je souhaiterais que notre pays, et que l'Europe qui a un rôle particulier à jouer dans ce domaine, inscrive dans sa Constitution le *devoir de liberté.* Reconnaissant ainsi que les atteintes à la liberté chez les autres sont aussi des atteintes à la liberté chez nous. Et que s'en préoccuper relève du degré supérieur de la loi.

« Sans tomber dans la démagogie ou l'irresponsabilité. Sans céder à la confusion. En se souvenant de la différence absolue entre maquis et terrorisme. Le terrorisme urbain peut être pratiqué sans aucun risque, alors que dans un maquis on en prend beaucoup et constamment. Mais surtout aucun maquis ne tiendrait huit jours avec la population contre lui. La survivance d'un maquis est donc une sorte de para-garantie démocratique, en l'absence de consultation démocratique. Alors que le terrorisme peut se faire au contraire contre la démocratie, n'importe qui pouvant poser une bombe dans un grand magasin ou une gare, avec 99 p. 100 de la population contre lui.

« Dernier rappel, qui est comme un appel. Il ne faut pas négliger le fait de parler. Il faut le considérer comme un droit et un devoir. Ceux qui ne sont pas avec nous dans ce colloque, mais qui pendant que nous parlons sont loin de nous, perdus dans leur forêt, leur jungle, leur montagne ou leur désert, ceux-là ont besoin, pour survivre, bien évidemment de nourriture et d'armes, mais autant d'espoir.

« Et il n'y a pas d'espoir dans le silence des autres. »

Je n'ai rien à modifier de ce que je disais en 1986. Mais, en six ans, que de bouleversements : alors qu'aucun expert n'y croyait, le mur de Berlin est tombé. On a pu voir au journal télévisé de treize heures un monsieur âgé plutôt corpulent, s'asseoir sur un pliant et jouer du Bach au violoncelle devant la première brèche. Les badauds jetaient des pièces croyant que c'était un pauvre. C'était Rostropovitch. On a pu sentir un grand vent de liberté chasser des régimes dictatoriaux incompétents et corrompus. Pour les uns, tristement, qui avaient beaucoup sacrifié au mythe du sens de l'Histoire, un grand rêve venait de disparaître. Pour d'autres, un nouveau rêve apparaissait contre les calculs des gens raisonnables et les prévisions des spécialistes.

D'un seul coup se trouvaient justifiés les premiers rebelles tombés anonymement en 1953 à Berlin-Est, ces ouvriers qui sur les chantiers de la Karl Marx Allee, ô combien symboliquement, s'étaient rebellés.

Malheureusement l'Europe et la France ne vont pas répondre à cette demande vague et bouleversante de peuples qui un peu partout aspiraient à la liberté et pour certains viennent de l'instaurer, fragile, contestée, périlleuse, contre les ordres établis. Danger : il y avait les dictatures, il va y avoir la nostalgie des dictatures. A nous d'agir, de proposer, d'offrir un espoir, un calendrier, un objectif. Mais à l'Ouest les technocrates et les prudents, les juristes et les bureaux vont l'emporter, qui ne souhaitent ni changer les habitudes, ni renoncer à des commodités, ni modifier le vocabulaire. Ils n'aiment pas.

L'Europe, qui devrait trouver sa justification dans la victoire de ses principes de liberté et de droit des peuples à disposer d'eux-mêmes, hésite, se contredit, se tait. Silence sur l'indépendance des pays baltes et la répression soviétique. Silence en Yougoslavie où les observateurs n'avaient pas le droit d'observer. Silence ailleurs, au Liban. Un silence de trop, avais-je écrit. Combien de silences de trop...

Le Marché commun et les projets d'union économique et monétaire, l'avant et l'après-Maastricht dont parlent les journaux, ne sont que des moyens. L'Europe avait pour premier but d'éviter la guerre entre l'Allemagne et la France. Dieu merci, c'est fait et c'est le passé. Pour l'avenir il ne peut y avoir d'autre but qu'une civilisation fondée sur la liberté. Pour nous et pour les autres. Comme j'ai regretté que la voix de la France ne le dise pas mieux, plus haut, plus fort, plus clair.

Quand, en 1969, j'avais reçu le prix Charlemagne au nom de la Commission européenne dans la crypte sacrée d'Aix-la-Chapelle, j'avais déjà essayé de faire passer ce message. Le langage des « Européens » à l'époque comportait deux propositions élevées quasiment en dogmes : l'union économique conduira automatiquement à l'union politique ; le moteur suffisant de l'union sera les institutions. Plus je parlais en mettant poliment en doute ces deux postulats plus je sentais l'étonnement voire la réprobation du public de hauts dignitaires qui m'écoutait. Là non plus je n'ai pas changé d'avis et je ne vois donc pas de raison de changer un mot à ce texte.

Aix-la-Chapelle, le 15 mai 1969.

« Permettez qu'un homme parvenu aux premières réflexions politiques dans un continent amputé de sa partie orientale, détruit dans sa partie occidentale, dont les pays, pour certains, énervés et comme étonnés par leur victoire, pour les autres écrasés ou déchirés par leur défaite, devaient d'abord se retrouver eux-mêmes ; permettez qu'un membre de cette génération élevée dans le chaos d'un monde dont elle ne se sentait pas responsable, mais entraînée trop tôt par le malheur des temps à la conscience des responsabilités, vous dise aujourd'hui ce que l'Europe signifie pour lui. La responsabilité, c'est être capable d'apporter des réponses. Quelles réponses devons-nous, pouvons-nous attendre de l'Europe ?

« Au Moyen Âge, l'université pouvait être dite " européenne " et pour ne citer qu'un exemple, parmi les plus grands noms de l'Université de Paris, on trouve un Allemand Albert le Grand, un Italien Thomas d'Aquin, un Britannique Duns Scot. Aujourd'hui, dans la plupart de nos pays, il est interdit à un étranger d'être professeur titulaire. D'autres domaines pourraient être évoqués où, au cours des siècles passés, un langage commun joint à une totale liberté de mouvement réalisaient ce qui, aujourd'hui, n'est malheureusement plus parfois qu'un objectif.

« Mais ce qui fut général et constant, c'est une sorte de " nostalgie européenne " : comme le souvenir d'une unité perdue par nos fautes, souvenir lié au souvenir de Rome (le

Saint Empire s'affirmait romain avant d'être germanique et même Clovis, roi des Francs, avait pris le soin de se faire nommer consul de Rome), puis du Grand Empereur d'Occident dont le nom reste indissociable de votre ville ; remords renforcé par le fait que l'unité de religion, puis de culture, ne se traduisait par aucune harmonie politique et même pas par la paix.

« Rappelons que le mot " Europe ", utilisé par les géographes grecs pour désigner cette rive-ci des Dardanelles, tombé hors d'usage pendant des siècles, fut pour la première fois réemployé (dans un projet d'organisation européenne d'ailleurs) l'année de la chute de Constantinople !

« Ce remords de n'avoir pu nous entendre entre Européens de façon permanente et organisée nous a accompagnés pendant tous les siècles et s'est traduit, sans aucun succès, à tous les siècles, par des projets " européens " signés de rois, de papes, de poètes, de ministres, de militaires, d'économistes et, pourrais-je dire, même de diplomates. Les deux dernières guerres mondiales, nées en Europe, n'ont pu que renforcer ce sentiment d'incompréhension, voire de scandale, devant le spectacle de nos rivalités internes. J'ai encore dans l'oreille le souvenir des déclarations de guerre réciproques de 1939 et de 1940. Quand on juge aujourd'hui notre construction européenne, ses progrès, ses limites, et aussi ses motivations, il ne faut jamais oublier cette volonté et ce résultat (et, quant à moi, jamais je ne l'oublierai) : que ce que j'ai entendu il y a trente ans, et qui peut paraître incroyable à de plus jeunes que moi et donc irréel, mais qui fut tristement réel, ne soit plus possible, physiquement possible.

« Alors que l'opinion européenne s'est habituée aux résultats obtenus et, en fonction de ceux-ci, ressent moins la nécessité de nouveaux progrès, une pression qui a toujours existé mais qui se développe tend à “ mondialiser ” les problèmes qui subsistent. Pourquoi faire quelque chose de “ spécial ” en Europe, de *spécial à l'Europe,* alors que le commerce, la conjoncture économique, les investissements, la monnaie dépendent de décisions ou de conditions qui dépassent de loin ce continent ?

« Parce que, et c'est la réponse technique, il peut être utile, même dans une concertation mondiale, d'avoir déjà à l'intérieur de celle-ci une aire de plus grande cohésion et de plus grand dynamisme. Parce que, et c'est la deuxième réponse, nos mécanismes ont aussi leur valeur d'intention. L'union douanière, à ce second titre, avait pour vertu de conduire à l'union économique et celle-ci à l'union politique.

« Mais ce mouvement ou enchaînement, que nos traités ont souhaité et, dans une certaine mesure, engagé, est lui aussi mis en cause. C'est le moment des interrogations contradictoires, quand la seconde génération des problèmes européens est bien celle des concertations et harmonisations en tous les domaines de l'action des États à incidence économique, le budget, les salaires, la monnaie...

« Quand on évoque l'Europe politique dans les discours, il semble parfois qu'il s'agisse essentiellement ou uniquement de progrès institutionnels. Faire confiance aux institutions est certes une solution, souvent la meilleure, et je ne m'en plaindrai pas. Mais ne faut-il pas voir que toute solution institutionnelle est valable jusqu'à un certain degré de problème ; plus précisément, il faudrait dire “ quantum de difficulté ”. Si les divergences sur le fond sont trop graves, ou les incertitudes sur les objectifs trop étendues, ce n'est pas d'abord ou seulement des institutions qu'il faut parler, mais des problèmes de fond et des objectifs, ceux de la construction européenne. L'Europe politique, c'est quand même aussi de savoir quelle politique l'Europe veut faire.

« Si l'Europe aujourd'hui intéresse moins, notamment la jeunesse, c'est en raison de nos succès, je l'ai dit. C'est aussi en raison du domaine choisi, qui conduit à une technicité économique à l'ésotérisme parfois décourageant et là, nous sommes un peu pris à notre propre jeu. Mais il y a plus, qui touche nos motivations.

« Il est sans doute grave qu'entre les pays signataires d'un traité, il n'y ait plus d'accord sur les arrière-pensées. Mais il est au moins aussi grave qu'il n'y ait plus pour le grand public d'attrait clair et puissant en ce qui concerne les objectifs, c'est-à-dire, si j'ose ainsi m'exprimer, les avant-pensées.

« Vers l'extérieur, en quoi ce que nous faisons, disons, projetons peut être compris aisément comme une réponse concrète au souci d'une détente en Europe et dans le monde, peut être un espoir ici comme à Prague, et non pas seulement l'aménagement d'un " statu quo " tel que les puissances ont naturellement tendance à le maintenir ? Sur le plan intérieur, si les problèmes qui agitent nos consciences en tous pays sont des problèmes de rapports humains, depuis celui des rapports scolaires ou sociaux jusqu'à celui des rapports du citoyen et de l'État, quel lien avec nos efforts, quelles conséquences tirer de nos succès ou de nos échecs ?

« Alors que le monde présente ce triste paradoxe d'être à la fois de plus en plus uniforme et de moins en moins ordonné, alors que dans l'agriculture, la ville, l'université, le Parlement, les solutions soviétiques paraissent de moins en moins celles de l'espoir, les solutions importées d'Amérique, de plus en plus devoir être adaptées, l'intérêt de l'Europe est d'être le cadre de certaines réponses que nous cherchons tous et, pour ne pas dire d'une " european way of life ", d'être le lieu d'une nouvelle civilisation européenne.

« Où sont les frontières de l'Europe ? Un Scandinave peut se sentir plus chez lui dans le Minnesota qu'au Portugal, un Italien plus chez lui en Argentine qu'en Belgique, un Anglais retrouve en Nouvelle-Zélande sa langue, sa religion, ses sports et jusqu'à la couleur de ses boîtes aux lettres. Notre premier problème est de nous définir. Par la voix que nous pouvons faire entendre sur le plan mondial, certes ; mais aussi par la façon dont nous inventons, dont nous organisons notre propre vie, notre genre de vie. Et c'est peut-être là que nous trouverons, à terme, la meilleure justification de quelque chose de concret et de particulier à ce continent qui fut toujours comme hors de lui-même.

« Pendant des siècles, l'Europe a été une source quasi universelle d'idées, d'actions, de modes de pensée ou de vie, pour le bien ou le malheur des autres. L'Europe n'avait pas besoin de se définir, c'est le reste du monde qui se définissait largement par rapport à elle, soit en se façonnant selon elle, soit en s'opposant à elle. Pour qui, aujourd'hui, sommes-nous seulement un exemple ? »

*
**

Terence MacSwiney avait écrit dans ses *Principes de la liberté :* « Nous guiderons l'Europe comme nous l'avons guidée jadis. Nous tirerons le monde de ce rêve pervers de convoitise matérielle, de puissances tyranniques, de politiques corrompues et brutales ; nous la ferons s'émerveiller au prodige de l'esprit régénéré, au miracle d'un rêve neuf et magnifique. »

Rêvons et ne rêvons plus. Il faut agir. Sans ignorer

que la faute existe, qu'il n'y a pas d'hérésie qui ait provoqué plus de massacres que l'angélisme, que l'homme est né pour le meilleur et pour le pire. On vit en 1944, dans une région du monde sans doute la plus chargée de civilisation, l'Italie du Nord, les mères de famille aider leurs enfants à grimper sur le portique où étaient pendus par les pieds les cadavres de Mussolini et de sa maîtresse, en les excitant de leurs cris pour qu'ils urinent sur les corps. On vit au Cambodge bien plus récemment un régime décidant la mort de tous ceux qui portaient des lunettes, présumés coupables d'être des intellectuels (j'ai connu un Cambodgien sauvé au dernier moment parce qu'il avait pu prouver que, bien que portant des lunettes, il ne savait ni lire ni écrire). Et je n'oublie aucun des génocides précédents. Sans atteindre à ces horreurs existent tous les jours chez nous, à côté de nous, des cas de haine, de violence, de bestialité. Ce n'est pas une raison suffisante pour désespérer de l'homme.

Sans ignorer qu'aucun pouvoir n'est innocent Macbeth disait après son premier crime : « Nous sommes encore jeunes dans l'action. » Ce n'est pas une raison pour s'abstenir et laisser faire. Le drame a ses règles à part. C'est le quotidien sans crime qu'il faudrait pouvoir améliorer. Le soin du détail dans l'esprit de rébellion s'appelle l'esprit de réforme.

J'ai proposé un jour dans un gouvernement dont j'étais membre de développer les référendums d'initiative populaire comme en Suisse. Un collègue, ministre et maire, m'a rétorqué : « Tu vas bousiller la vie municipale. » J'ai essayé une autre fois, dans un autre gouvernement, de simplifier la vie des citoyens. Toutes les administrations, y compris patronales, s'y sont opposées. On parle de « déficit démocratique » ; mais je n'ai jamais vu une assemblée supprimer un texte. On dit que la démocratie est malade. Je ne suis pas pour l'ordre moral imposé par lois et décrets. Mais peut-être, parmi tous les sondages et indices, faudrait-il inventer un indice de crédibilité dans lequel la notion de respect de soi-même et des autres (c'est la même chose) ne serait pas ignorée.

Ce monde est trop dominé par des calculateurs dépassés par leurs calculs. Il est trop encombré de corrupteurs et de corrompus complices. Il y a dans ce monde trop de responsables fuyants et trop d'ambitieux sans espérance. Allez, disons-le. Ce monde est réactionnaire puisque la mort existe.

Ce n'est pas une raison pour ne pas se battre.

VII

L'ÂME

« La gloire de Dieu est de cacher. »

Où vont les morts ? Les Grecs anciens les imaginaient descendus aux Champs Élysées. Les Celtes supposaient qu'ils abordaient dans une île de l'Océan occidental où disparaît le soleil. Les chrétiens, au ciel pour les bons, dans la fournaise d'en bas pour les méchants. Voici les quatre éléments, terre, eau, air et feu de nouveau assemblés pour accueillir les âmes privées de corps. Un très beau poème arabe du VIIIe siècle recommande : « Marche doucement sur cette terre, elle est faite de morts. » Les êtres humains qui nous ont précédés depuis des millénaires ont peu à peu créé la poussière que nous foulons. Le vent du désert, dans le sud de la Mauritanie, a mis au jour une nécropole immense. A ras du sol, des squelettes décapés, la face camuse, la cage thoracique limée, les os poncés jusqu'à ne plus qu'affleurer, composent à perte de vue un opus incertum de dallage blanc alternant avec l'ocre du sable. Marche doucement.

Je crois aux souvenirs. Quand deux personnes ont vécu ensemble un événement qu'elles sont seules à connaître, si l'une meurt, l'autre continue à porter sa part et celle de l'autre qui n'est plus. Les morts ne meurent pas s'il reste des vivants qui se souviennent. Peut-être se souviennent-ils aussi de nous, mieux que nous. Les Chinois vont plus loin et affirment que la mémoire de tout ce qui est arrivé à nos ancêtres est inscrite dans notre sang, même si nous n'en sommes plus conscients. Les savants modernes diraient : pris en compte dans notre programme génétique.

Quand il y a plus de quarante ans, j'entrai avec mon groupe de partisans dans les villages de la jungle en haute Indochine, dès la première case sur pilotis, dès le regard du premier enfant jouant dans la boue, il était possible de savoir si, trois quarts de siècle auparavant, l'armée française était arrivée en amie ou en ennemie. Appelée en soutien contre une tribu rivale, ou au contraire en opération de conquête ou de répression. Aucun habitant ne s'en souvenait. Mais le village en avait gardé la mémoire. Tout meurt. Rien ne s'oublie.

Des années plus tard, devenu ministre et alors que je pars en visite officielle pour la Chine, le chef d'état-major de la Marine nationale française me demande : « Vous êtes un ami de Deng Xiaoping. Pourriez-vous régler un problème qui nous préoccupe depuis des années ? La France a été parmi les premiers pays à reconnaître la Chine communiste. Notre croiseur-école la *Jeanne d'Arc,* qui est le meilleur de nos ambassadeurs, fait le tour du monde et effectue des escales dans tous les pays avec lesquels nous entretenons des relations diplomatiques. Mais cela fait dix ans que nous essayons sans succès de faire une escale en Chine. Si nous proposons Shanghai, on nous répond qu'à cette saison les eaux sont trop basses dans le fleuve Bleu et que nous risquons l'échouage. Si nous proposons alors Canton, on nous répond qu'un vent malin du sud-sud-ouest souffle en ce mois précis sur la rivière des Perles et que le mouillage ne tiendra pas.

— Autrement dit, ils vous disent carrément non. A la chinoise.

— Certes, reprend l'amiral. Mais pourquoi ?

Un soir où je prolonge le dîner avec Deng Xiaoping, je lui demande :

« Et pourquoi ne voulez-vous pas recevoir la *Jeanne d'Arc,* notre navire-école, symbole de notre marine nationale et notre meilleur ambassadeur ? »

Deng Xiaoping allume une cigarette de plus, lance la fumée vers le plafond et me dit :

« On n'apprend plus l'histoire en France ?

— Je crains qu'on n'apprenne plus grand-chose. Cela s'appelle la réforme de l'enseignement. »

Tirant sur sa cigarette, Deng Xiaoping continue :

« La guerre des Boxers, cela ne vous dit plus rien ? Et l'expédition punitive d'une armée regroupant tous les pays occidentaux, commandée d'ailleurs par un général allemand ? Une canonnière française a bombardé... Vous voulez le nom de cette canonnière ? »

Je comprends avant qu'il n'ait terminé sa phrase. La canonnière s'appelait *Jeanne d'Arc.* C'est moi qui enchaîne :

« Le premier bateau français à venir en Chine pourrait être le *Dugay-Trouin* ou le...

— Celui que vous voulez, dit Deng Xiaoping. Toute votre marine ne s'appelle quand même pas *Jeanne d'Arc.* Elle viendra ensuite. »

Nous parlons du souvenir. (Au passage, je lui

demande pourquoi la Chine avait choisi un match de ping-pong pour rétablir les relations avec les États-Unis.) « Parce que c'était le seul sport où nous étions sûrs de gagner. »

« Savez-vous pourquoi les Chinois et les Français ont en commun d'aimer autant l'or ? Parce que nous sommes les deux peuples de la terre dont le sang a le plus de mémoire et que nous nous souvenons, même si nous ne le savons pas, qu'il y a des siècles et des siècles, dans les périodes de famine, de peste, de guerre civile, de massacres, les parents de nos parents ont été sauvés par quelques grammes d'or qu'ils avaient cachés. Dans les temps de mort, l'or était la vie... »

L'histoire a des rendez-vous étranges. Des années plus tard, j'embarque sur la *Jeanne d'Arc* en mer de Chine pour une opération de sauvetage des boat-people vietnamiens et plus discrètement de lutte anti-pirates. Les pirates thaïs ou malais attendent les boat-people, les dépouillent, tuent les hommes et les femmes âgées, vendent les femmes jeunes et les enfants dans les réseaux de prostitution de Bangkok ou de Manille. Pour les riverains, les pirates sont une sorte de garde-côte qui les protège d'un afflux trop grand de réfugiés. Le monde occidental connaît et tolère.

La Marine a invité sur la *Jeanne* une Vietnamienne présidente de l'Association SOS Boat People de Californie. Un soir où je pars en canot pneumatique avec les commandos du bord faire une opération nocturne de contrôle d'un pêcheur suspect, elle me dit :

« La pêche ne peut nourrir plus de six hommes par bateau. Si l'équipage est plus nombreux, c'est qu'ils vivent de la piraterie. Le port principal des pirates est

Songkhla. Les plus cruels ont des bateaux peints en rouge. »

Ce pêcheur est peint en rouge, port d'attache Songkhla, ils sont douze à bord. Le patron, chemise de soie, chaînes d'or au cou et au poignet, rit en nous montrant les cales vides. Pas de poisson, pas non plus de jeune fille prisonnière. La lutte anti-pirates ne donne rien parce que la loi maritime exige le flagrant délit et que tous les pirates se préviennent par radio qu'une escadre française patrouille à leur recherche. Mais des boat-people, nous en avons sauvé. Ils avaient survécu à quinze jours au ras de la mer dans une pirogue fluviale équipée d'un vieux moteur de camion Ford. L'hélice avait été forgée à la main dans un garage clandestin. Depuis quatre jours, ils buvaient un mélange d'urine et d'eau de mer. Un million de Vietnamiens ont ainsi essayé de « choisir la liberté ». D'après les statistiques officielles des Nations unies, la moitié, 500 000, tués par les pirates ou emportés par les typhons, sont au fond de la mer de Chine qui est devenue le plus grand cimetière marin du monde. Comme les autres pays du Sud-Est asiatique, Singapour considère que s'il y a un régime communiste au Vietnam que fuit la population, ce n'est pas sa responsabilité, mais celle des Occidentaux et des Américains. L'organisation humanitaire qui nous accompagnait me fait savoir que ces réfugiés vont être exilés dans un camp aux Philippines, plus proche d'un camp de concentration que de l'antichambre de la liberté. Sauf si j'obtiens personnellement du président de Singapour, Lee Kuan Yew, l'autorisation qu'ils débarquent en transit et que je les fasse monter dans le même avion que moi pour la France. Les ministères compétents considèrent que c'est absolument impossible. Je raconte à Lee Kuan Yew, qui est chinois, l'histoire de la mémoire qui passe dans le sang. Un tiers de ces boat-people vietnamiens sont en fait des Chinois et je lui raconte aussi qu'avant de tenter l'aventure du large, ils ont vendu tous les biens de leur famille pour les transformer en quelques bijoux d'or. Au nom des souvenirs dont nous ne nous souvenons plus, j'aurais le droit exceptionnel d'emmener ces boat-people avec moi directement de Singapour à Paris.

Maintenant, j'ai trop d'amis qui sont morts et je suis seul à conserver la mémoire d'aventures que nous avons connues ensemble, comme si mes veines étaient devenues les leurs et leur sang le mien. Roland de Marsangy a été tué dans l'un des avant-postes de Dien Bien Phu : Isabelle. Son père était l'un des rares officiers français à avoir choisi d'aller se battre pendant la guerre d'Espagne du côté de Franco. Dans la fierté d'être à contre-courant de l'histoire, son fils a été l'un des derniers à rejoindre le camp retranché. Porté disparu. Quand je marche sur cette terre, en pensant à lui et à d'autres, je marche doucement. Protecteur et conseiller de tous les navigateurs du Pacifique, Marc Darnois avait perdu une jambe dans la campagne d'Alsace en 44 contre l'Allemagne. Il courait sur le pont de son bateau en sautillant à cloche-pied. Un jour, il eut un instant de retard pour donner le coup de barre qui aurait sauvé la goélette qu'il chérissait. (Pourtant, pour un marin, une jambe est moins importante qu'un bras et, du temps de la flibuste, perdre une jambe ne donnait droit qu'à une demi-prime. Un bras valait davantage. En mer, il faut deux bras : une main pour le bateau et une pour soi.

Pour un soldat à terre, c'était le contraire, la jambe valait plus cher. La guerre est toujours d'abord une longue marche.) Je le soigne dans ses derniers jours alors que des opérations successives n'ont cessé de réduire son moignon. Il est mort à l'hôpital. Et pour moi, c'est comme s'il était disparu en mer. Il y a toujours le doute. Peut-être, un jour, il frappera à ma porte en claudiquant sur sa jambe de bois et un catogan dans ses cheveux longs très blancs. Mais, dès maintenant, mon sang pèse du poids des souvenirs communs que nous avons été seuls à connaître.

Paquiri, le gendre d'Antonio Ordoñez, sans être aussi artiste que son peau-père, était le plus célèbre des toreros espagnols pour son courage et sa joie de vivre. En me faisant descendre dans l'arène, il m'avait dit : « Tu ne quittes pas le taureau des yeux. Si pas un instant tu ne le quittes des yeux, il ne peut rien t'arriver. » Il fut tué dans une corrida de troisième catégorie parce qu'il s'était retourné pour saluer le public en quittant des yeux le taureau. Comme, en Espagne, la mort violente anoblit, sa veuve est maintenant doña Isabel. Qui se souvient de nos instants passés ensemble dans l'ombre des portes monumentales avant qu'il n'affronte la lumière, la foule et le duel...

Les caractères généreux oublient un jour les précautions. J'ai eu plusieurs amis, dont je porte le souvenir, qui étaient généreux.

⁂

Lors de la mort, est-ce que l'âme monte ou descend ? Va-t-elle à l'est ou à l'ouest, vers la terre ou vers la mer ?

Je ne sais pas. Mais je suis sûr que tant qu'il y aura des hommes qui se souviendront, elle ne disparaîtra pas.

Frédéric II Hohenstaufen, empereur du Saint Empire romain germanique, roi de Sicile et d'ailleurs, qui avait tout seul libéré Jérusalem pacifiquement mais fut deux fois excommunié pour refus de croisade, meurtres variés et propos mécréants, doutait de l'existence de l'âme. Avec six siècles d'avance, il aurait pu cosigner la phrase du chirurgien du XIXe siècle : « Je ne l'ai jamais rencontrée sous mon scalpel. » Esprit scientifique, il voulait une expérience. Sur des estrades recouvertes de velours damassé et de brocarts prennent place l'empereur, les grands, la cour, les guerriers en pourpoints guillochés d'or et les princes de l'Église en rouge et les juges en noir, et les pages en satin et les dames au décolleté carré souligné de perles, qui faisaient porter leur traîne pour monter les gradins. Et les courtisanes, et les bourreaux, et les ministres. Au loin, le soleil jouait sur la mer gris pâle et derrière les invités caressait les sommets bleu sombre des montagnes. L'air sentait la figue et le romarin dont on avait jonché les allées mêlées de roses. Pour combien de jeunes gens fut-elle, cette belle journée d'arrière-saison, l'occasion d'un regard dont ils s'émurent et qui peut-être changea leur vie ? Un regard à peine.

L'empereur Frédéric II avait donc voulu scientifiquement montrer que l'âme n'existait pas. Pour les humbles, un spectacle. Pour les puissants, le combat dont un parti pourrait tirer avantage pour répartir les honneurs, augmenter son pouvoir, changer les frontières. Défi entre Rome et l'empereur. Procès de Dieu et du destin de l'homme.

Un tonneau soigneusement cerclé, luté et enduit de poix est roulé devant l'estrade. Des gardes amènent un prisonnier et le font entrer de force dans le tonneau. C'est un homme d'une cinquantaine d'années, chauve, l'air égaré, à qui il manque deux dents de devant. Les gardes appuient sur sa tête et ses épaules pour l'obliger à se tasser. Mais dès qu'ils le lâchent pour placer le couvercle, il se redresse et sort la tête. Les yeux presque blancs roulent affolés. Finalement, on lui tape sur le crâne avec le couvercle, puis on fixe le couvercle à coups de maillet. Puis on enduit encore de poix pour que le tonneau soit parfaitement étanche. Expérience scientifique. L'homme va mourir devant l'empereur, la cour, le clergé. Si l'âme existe, on la verra bien sortir. Silence. Déjà Frédéric II triomphe et, levant le menton, signifie aux prêtres leur défaite : il n'y a pas d'âme. Alors sort du tonneau un hurlement terrible. L'homme vient de comprendre qu'il va mourir, meurt et crie. Les prêtres, à leur tour, relèvent le front et font comprendre à l'empereur qu'ils ne s'avouent pas vaincus. Si l'âme jaillie du tonneau si bien clos était dans ce cri, le cri lui-même ?

La vraie mesure est ce qui ne se mesure pas. Ce qui compte est ce qu'il n'est pas possible de compter. Je dois être l'un des derniers guénonistes à lutter contre le règne de la quantité en sachant, comme les Druzes, que l'âme est un bien collectif d'autant plus rare pour chacun que la population se multiplie. Et que notre devoir à tous est, par le courage, l'imagination, une sorte d'appel permanent et déchiré à tous hommes et toutes choses, de créer, créer de l'âme.

*
**

La première fois que je suis allé en visite officielle en URSS, en 1967, le gendre de M. Khrouchtchev qui dirigeait le grand journal soviétique les *Izvestia,* avait eu l'idée pour nous banale, mais dans le système communiste tout à fait révolutionnaire, d'introduire dans son quotidien un courrier des lecteurs... Les autorités du parti, après mûre réflexion, avaient considéré que cette pratique de la presse occidentale pouvait servir de soupape au mécontentement populaire et éventuellement dénoncer par un biais détourné quelques abus que le comité central aurait lui-même à l'avance soigneusement sélectionnés.

Le courrier des lecteurs apporte des milliers de lettres qui provoquent l'étonnement puis la consternation des autorités soviétiques. Une seule question : *qu'y a-t-il après la mort ?*

Le bureau politique se réunit au plus haut niveau pour débattre de la réponse à apporter. Les uns disaient : il faut répondre pour expliquer qu'il n'y a rien, absolument rien. Il suffit donc d'être sur cette terre un bon ouvrier, un bon soldat, un bon communiste.

D'autres disaient : surtout ne répondons pas. Il faudrait publier les lettres de demande et elles pourraient donner des idées fâcheuses à ceux qui n'en ont pas. La métaphysique et la spiritualité sont des maladies, évitons la contagion.

Après de longs débats, il fut décidé de publier quelques lettres choisies parmi les plus bêtes pour pouvoir y répondre plus commodément, comme il a été dit plus haut. Mais ce qui m'avait frappé à l'époque, c'est que la question subsistait après soixante ans de terreur policière et de propagande antireligieuse, d'enfants privés d'études et de carrière si les parents étaient vus à l'office ou soupçonnés de les avoir fait baptiser, de cathédrales transformées en planétariums, gymnases, musées de l'athéisme. Les églises à coupoles orthodoxes se prêtent particulièrement bien à l'installation d'un pendule de Foucault. De vastes écriteaux sur leurs murs rappelaient : « Galilée a dit que la Terre tournait. L'Église a dit qu'elle ne tournait pas. Le pendule de Foucault nous donne la preuve qu'elle tourne. Donc il n'y a pas de Dieu. »

Même faible, même diluée, même secrète, qu'elle est donc forte, l'âme. Les visiteurs attentifs ont pu voir à Moscou pendant des années les convois funèbres des enterrements strictement laïques s'arrêter un instant devant des églises désaffectées comme si le chauffeur avait une panne ou seulement du mal à changer de vitesse. Pour que le mort ait peut-être la chance, on ne sait jamais, de recevoir la bénédiction d'un prêtre oublié ou clandestin, caché derrière les portes du monastère fermé...

Il y a maintenant près de vingt-cinq ans, j'étais donc en voyage officiel à Kiev où est situé le plus saint des lieux saints de l'ancienne Russie, la Laure (ou Lavra). C'est le monastère qui a servi de relais à Constantinople et d'où la foi orthodoxe a rayonné sur les terres slaves. Les monuments qu'on visitait en URSS sont d'anciens palais ou églises et j'avais pris l'habitude, en y pénétrant, d'enlever mon bonnet de fourrure comme le fait tout Occidental entrant dans une maison, a fortiori s'il s'agit d'un lieu sacré. Normal. Le représentant du gouvernement qui m'accompagne et qui souhaite avoir l'air, comme on dit en russe, *kulturnik,* après quelques jours prend la même habitude et enlève sa chapka dans les lieux publics. Nous entrons dans l'ancienne grande salle du monastère un samedi après-midi, jour de foule. La salle est pleine de kolkhoziens, ouvriers, miliciens amenés en camions. Au milieu de la salle un cercueil couvert d'une plaque de verre. Dedans, le cadavre momifié d'une nonne qui était d'ailleurs une princesse de Kiev. Au-dessus du cercueil un immense écriteau avec inscrit en lettres capitales :

POIDS DU CADAVRE DE LA BONNE SŒUR :
43,750 KG

Au-dessous, la composition en produits chimiques :

— Fibres collagènes : 16,200 kg
— Phosphate de calcium : 21,375 kg
— Carbonate de calcium : 4,650 kg
— Magnésium : 0,800 kg
— Stronsium : 0,225 kg
— Nitrate de sodium : 0,150 kg
etc.
TOTAL : 43,750 kg

Et de nouveau en lettres capitales énormes :

IL N'Y A PAS DE PLACE POUR L'ÂME.

En entrant j'enlève ma chapka et le membre du gouvernement, pris par l'habitude, fait de même. Le premier rang de la foule qui voit cet officiel enlever sa chapka devant le cadavre d'une bonne sœur ex-princesse — et en Union soviétique un officiel n'est pas habillé, ne se tient pas, ne respire pas de la même façon que le commun des citoyens —, le premier rang de la foule reconnaît donc l'autorité, la voit enlever son chapeau et enlève aussi son chapeau. Le deuxième rang qui voit le premier rang se découvrir se découvre à son tour et se signe. Le troisième rang qui voit le deuxième rang se découvrir et se signer, se découvre, se signe et tombe à genoux. En un moment, dans un vaste mouvement de cinéma qui aurait pu être mis en scène par Eisenstein, la salle ondule comme une vague de la mer et se retrouve tête nue, à genoux, se signant. Alors le membre du gouvernement qui m'accompagne, blanc de rage devant cet incident imprévu et inadmissible, se dresse sur la pointe des pieds, lève son bonnet de fourrure pour que le peuple le voie bien et se l'enfonce rageusement jusqu'aux oreilles.

Il n'y a pas de place pour l'âme. La foule se rend compte qu'elle a rêvé un instant, trop vite, trop tôt, et se réveille. Le premier puis tous les autres rangs se relèvent, les hommes et les femmes époussettent leurs genoux, remettent leurs chapeaux. Pour saluer ce qui ne pèse pas et ne se compte pas, il faudra attendre demain. Ou encore deux ou trois générations. Ou dix. Mais qu'est-ce que dix générations pour l'âme ?

Je viens de retourner à Kiev, une génération est passée. Entre les marronniers, sur les pentes des collines qui dévalent vers le Dniepr, les bulbes dorés des églises étincellent. La moitié du monastère est rouverte au culte. La foule du samedi après-midi circule comme chez elle, mais le laïus en langue de bois du guide officiel n'a pas été modifié. Des popes bénissent des enfants. Le guide regarde ailleurs. Des vieillards aveugles jouent sur une sorte de cithare de la musique cosaque. Le guide déclare que la mendicité est tolérée hors de la voie publique. Des amoureux se font photographier devant les clochers. Le guide signale que cette coutume n'a aucun caractère religieux : les amoureux et les jeunes mariés choisissent aussi bien comme décor des ponts suspendus ou la flamme en acier du monument aux martyrs de la Grande Guerre Patriotique...

La salle du réfectoire où est exposé le cadavre de la bonne sœur est fermée au public « pour cause de travaux ». C'est la solution soviétique quand le parti n'ose pas trancher et préfère attendre. Derrière les fenêtres mi-closes barrées de planches le lieu est rendu à la pénombre et au silence. Déjà une victoire de l'esprit. Je crois à l'âme. Je ne crois pas au hasard. Je crois au mystère.

⁂

Un homme d'Égypte ou de Sumer a inventé, à peu près en même temps que l'immortalité de l'âme, il y a quelques millénaires, cet arbre de pierre : la colonne. Peut-être pour soutenir un toit, peut-être seulement pour la beauté de la forme. Peut-être pour les deux raisons et que le spirituel se fonde avec le matériel. Des colonnes orneront les temples, soutiendront des palais, formeront des péristyles et dans les citernes de Constantinople, forêt souterraine noyée, l'eau sombre clapote à leur base de marbre. Parfois, dans les ruines d'un désert africain, une seule colonne subsiste, tronquée, et marque une ville déchue, signe et appel. Les Égyptiens ont aussi inventé qu'il faut après la mort nourrir l'âme dans l'au-delà.

D'autres peuples utilisèrent d'autres symboles. Dans la jungle cambodgienne aujourd'hui parcourue des ombres des Khmers rouges, la façade d'un temple du XIe siècle entièrement fermé est décorée de bas-reliefs représentant des fenêtres aux volets clos. A une époque de décadence où manquaient la foi et l'argent, les constructeurs ont trouvé plus facile de sculpter légèrement des stores sur un mur que de percer le mur. Mais on peut dire aussi que dans les mêmes temps troublés le message important était : l'esprit est intérieur. Qui compte le plus, la paresse ou le message ? Ou les deux ?

Je me souviens des problèmes politico-administratifs créés à l'administration soviétique par l'admirable film consacré à la vie du plus grand peintre russe d'icônes, Andreï Roublev. Le système communiste laisse tourner cet hymne à la foi, l'espérance et la charité, en n'y voyant d'abord qu'un hommage à la grandeur éternelle du peuple russe. Mais il l'interdit quand même à la diffusion en URSS, comme dangereusement peu conforme aux critères du matérialisme historique et de la dialectique marxiste. (En fait, le film les ignore superbement.) A la rigueur les autorités pouvaient tolérer la fête païenne au bord du fleuve ou la prise de Vladimir par les Tatars. Mais pas l'apologue du jeune homme qui prétend connaître le secret de la fonte des cloches, fond la plus grande cloche de Russie, et quand elle bat et chante pour la première fois, s'effondre en larmes : il avait menti, il ne connaissait pas le secret... Trop dangereux, ce conte. En russe, la cloche c'est l'âme. Arbitrage typique des bureaux, le film est autorisé pour l'exportation : récupérer des devises.

Il est présenté en présélection par les services commerciaux de l'ambassade de Moscou à Paris pour le festival de Cannes. Routine. Mais tous ceux qui ont été amenés à le voir sont bouleversés par sa qualité exceptionnelle. La rumeur s'amplifie. A Cannes, ce sera à l'unanimité la Palme d'or. C'est trop, le scandale va être public, c'est l'incident politique grave, la doctrine est en jeu. Le film est interdit aussi à l'exportation et seules deux copies passeront pendant des années dans deux modestes salles de quartier indépendantes des grands circuits.

C'est mieux ainsi. L'esprit est intérieur à la pierre et ne se voit pas. C'est la forme de la pyramide qui indique Dieu sans qu'il soit besoin d'image de Dieu. C'est le reflet du temple dans l'eau du bassin qui l'entoure qui est le signe de l'alliance entre la terre et le ciel. L'âme est un secret et peut n'être qu'un cri ou même un battement. Ce que je crois ? Taisons-nous pour entendre.

Lors d'une visite au Mexique, je parle amicalement avec Ramirez Vasquez, l'illustre architecte de la place des Trois-Cultures. Je me permets de lui faire l'éloge de Brasilia et donc de son collègue Oscar Niemeyer. Un silence, puis il me dit :

« Tu as vu la cathédrale de Brasilia ?

— Sûrement. C'est-à-dire sans doute. (En fait, je ne m'en souviens plus. C'est le palais du ministère des Affaires étrangères qui m'avait frappé.)

— Tu te rappelles l'écriteau à l'entrée ?

— ...

— L'écriteau imprimé : “ Ce lieu est destiné au culte. Prière de respecter le silence. ”

— …

— Une cathédrale où il est nécessaire de rappeler qu'il faut respecter le silence est une cathédrale ratée. »

On sait à qui on parle. On ne sait pas qui vous lira. Seule la parole garde la valeur mystérieuse de l'engagement personnel et réciproque. Écrire est devenu un procédé commun à usage aléatoire. Dire reste magique.

Si l'opinion publique était interrogée, elle répondrait sans doute que le texte compte davantage que la parole, que l'écrit engage mieux et plus longtemps. Les paroles volent, les écrits restent. Et pourtant. Au fond de nous-mêmes c'est la promesse orale qui a le plus de valeur, peut-être justement parce qu'elle semble plus fragile. « Parole d'homme », ou encore : « Vous avez ma parole. » On ne dit pas « écrit d'homme ».

Nos ancêtres celtes considéraient que ce qui est sérieux se dit seulement et ne s'écrit jamais. Comment connaître son lecteur ? Seul l'oral permet au maître de choisir son disciple. Les pythagoriciens qui, six siècles avant Jésus-Christ, fondèrent la première religion universelle et inventèrent, entre autres, le calcul des phases et des éclipses de la Lune, l'algèbre appliquée à la géométrie, les gammes musicales et la théorie des accords, les chiffres qu'on appelle arabes ainsi que quelques variantes sur l'immortalité de l'âme, n'écrivaient rien par peur de voir la doctrine de la « secte » tomber sous des yeux indignes.

Respectons la part de l'ombre. La science du XIXe siècle, grisée par ses immenses succès (« l'orgueil fils du succès et qui dévore son père », disait Eschyle), avait fait l'erreur de croire qu'elle pouvait tout expliquer, compter, mesurer. La métaphysique était rejetée comme obscurantiste. Le modèle de toute loi était la loi physique, du style loi de Mariotte, positive et péremptoire. L'analyse sociale ou philosophique devait y tendre. Erreur scientifique. La connaissance progresse par approximations successives. Le domaine du connu reste, Dieu merci, un continent toujours à découvrir. Comme dans une vallée de montagne l'ubac répond à l'adret, la part de l'ombre est complémentaire et garante de celle de la lumière. Une grande révolution intellectuelle a été permise par les relations d'Heisenberg appelées aussi *relations d'incertitude,* appliquées notamment à la physique quantique. Plutôt que de décrire avec certitude un phénomène, elles s'attachent à définir les limites de sa détermination. Ce n'est pas le contraire de ce que la théologie avait fait pendant des siècles avec la religion en délimitant des zones de non-explication qu'autrefois on appelait mystères.

Depuis, la science moderne a été beaucoup plus loin dans la recherche en acceptant parfois l'aide d'une littérature quasi poétique qui aurait été naguère objet de mépris. L'astronomie a introduit la métaphore comme élément scientifique en parlant des « maladies » des systèmes célestes. L'anti-matière, les « trous noirs » ont apporté un vocabulaire qui paraîtra de science-fiction à ceux qui ont oublié que toute science est d'abord création de l'esprit. Les mathématiques, discipline qui ne passe pas pour fantaisiste, connaissent depuis longtemps les *nombres imaginaires* dont je rappelle la définition assez romantique : « partie d'un nombre complexe qui est le produit d'un nombre réel par *i,* c'est-à-dire dont le carré i^2 est égal à − 1 ».

L'arithmétique n'a d'ailleurs jamais respecté ni la transparence scientiste ni l'égalité républicaine. Les propriétés magiques du nombre 9 n'appartiennent qu'à lui. Restent encore secrètes les lois qui fixent la suite de cette confrérie mystérieuse, hors du commun, que sont les « nombres premiers » n'ayant pas d'autre diviseur qu'eux-mêmes ou l'unité.

Plus la connaissance de la préhistoire progresse, plus elle recule la date d'apparition sur la terre d'un être humain semblable à nous, avec lequel nous avons moins de différence qu'il n'y en a entre les êtres humains aujourd'hui, du Scandinave au Pygmée. La théorie de l'évolution a, pendant des années, été présentée comme un dogme pour combattre d'autres dogmes. La mettre en doute serait un scandale. Mais l'image simpliste répandue dans le public de « l'homme qui descend du singe » manque pourtant de véritable confirmation. De nombreux peuples pensent à l'inverse que c'est le singe qui descendrait de l'homme, mais un homme dégénéré, un neveu égaré dans les forêts et qui a mal tourné... Écouter toutes les voix de ce monde, passé et présent, peut être utile pour l'avenir. Après avoir méprisé la Bible comme document historique, les archéologues les plus modernes s'en servent pour découvrir les sites et les géologues pour retrouver des gisements anciens de métaux que les nouvelles techniques d'exploitation permettraient de rentabiliser. L'alchimie a fait progresser la chimie. Les plus grands astronomes, Copernic, Kepler, Newton, ont consacré autant de temps à l'astrologie qu'à l'astronomie. Il y a un fonds commun des sciences comme il y a un fonds commun des religions : ce qu'on appelle la tradition est souvent plus révolutionnaire que toutes les modes du savoir.

La croyance aux « génies » ou « esprits » a longtemps été considérée comme le propre des religions « primitives », ou animistes par opposition aux grandes religions monothéistes. (Alors que toutes les religions, primitives ou non, sont bien sûr monothéistes !) Le dieu d'un arbre, d'une source, d'un rocher, le génie d'une maison, d'une famille, d'un pays existent comme l'esprit de tout acte, celui de sortir, marcher, construire, chanter, aimer, boire, naître, mourir. Ils doivent être interprétés comme la simple reconnaissance que chaque être, chaque chose, chaque geste peut avoir une conséquence positive ou négative, une capacité à tourner au bien ou au mal, au bonheur ou au malheur, un sens malheureusement imprévisible, une valeur, dirait-on en algèbre ! Il suffirait de remplacer le mot « génie » ou « esprit » par une expression nouvelle du genre *potentialité multivalente indéterminée* pour redonner une respectabilité à un système de pensée fondé en fait sur le bon sens et une sorte de prudence fondamentale. Il appartient à tout peuple, en tous temps, en tous lieux d'essayer de se prémunir contre ces hasards de la vie. L'usage des « sacrifices » est de la technique. Les contrats actuels d'assurance et de réassurance en sont une autre.

Au siècle de la déesse Raison, Joseph de Maistre écrivait : « C'est bien dommage pour l'humanité que ce soit la maladie qui soit contagieuse et non pas la santé. » Boutade qui n'a que l'air judicieuse. Il avait oublié que dans les cours nordiques d'Europe, quand le souverain était malade, on mettait dans son lit un jeune garçon pour que le patient profite de son énergie vitale. Il ne savait pas encore ce que tout le monde admettrait aujourd'hui. Bien sûr les maladies économiques sont contagieuses et en termes modernes la crise et le chômage s'exportent. Et aussi s'exportent, se répandent par contagion, la violence, la drogue, la haine raciale... Mais tous les ministres de l'Économie et des Finances le savent : *la santé est aussi contagieuse.* La prospérité des uns entraîne la prospérité des autres et dans les réunions au sommet, la seule question est de savoir lequel a le plus de santé pour relancer l'économie et redynamiser celle des voisins. Lequel, Japon ou Allemagne, va jouer le rôle du garçon adolescent. On le sait aussi après avoir hésité trop longtemps face à Hitler et à Staline : si la dictature était contagieuse, la démocratie peut l'être aussi.

Comment faudrait-il changer le nom de la réversibilité des mérites et de la communion des saints pour paraître aujourd'hui crédible ? Comment en jargon moderne faudrait-il appeler l'unicité des lois ? « Tout est dans tout, mais pas n'importe comment », disait Cornelius Agrippa de Nettesheim. Parfois il suffit de regarder autrement pour mieux voir.

Quand les sages gnostiques regardaient le ciel la nuit, ils ne croyaient pas que les étoiles étaient des corps lumineux se détachant dans le vide infini, mais au contraire des trous dans le voile de la voûte céleste par lesquels on apercevait derrière, plus loin, plus haut, le vrai ciel et la lumière originelle.

LA TRACE

La nuit, la mer devient comme une nuit et c'est le ciel qui devient une mer immense, constellée d'archipels à la dérive, où chaque étoile est une île. Elles portent des noms de princesses de légende, de demi-dieux, de bêtes sauvages ou domestiques, d'objets familiers, ou encore des noms de récits orientaux ou barbares incompréhensibles mais qui chantent à l'âme. Les retrouver une à une, chacune à sa place dans le lent déroulement des sphères célestes, est comme relire un conte de fées lu dans l'enfance : Achenar, étoile bleue ; Alpha du fleuve Éridan ; Alcor, cavalier de Mizar, encore appelé le Postillon de la Grande Ourse ; Aldébaran, dans le Taureau, qui est orange ; Aljunina qui ferme le quadrilatère d'Orion entourant les Rois Mages, avec Bételgeuse, qui est rouge, Rigel, qui est bleue, et Bellatrix. A mi-chemin d'Andromède à la Polaire, le W de Cassiopée ; Arcturus dans le Bouvier, Véga dans la Lyre, Altaïr dans l'Aigle, Vindemiatrix, encore appelée la Vendangeuse, dans la Vierge, Fomalhaut dans le Cygne, Régulus dans le Lion, Mirfak dans Persée. La Chèvre, qui est jaune d'or, dans le Cocher ; Castor, dans les Gémeaux, qui est vert pâle,

Kiffa boréal dans la Balance, qui est vert émeraude, Canopus, dans le Navire Argo, qui est bleue, Sirius dans le Grand Chien qui est blanche et de toutes la plus brillante...

Avec elles le marin navigue à l'envers sur la voûte du ciel. Pour se diriger, il en choisit une, puis une autre, puis une autre, comme il irait d'escale en escale. Si vous traversez l'Atlantique d'est en ouest en novembre vers le 20° de latitude, la Grue avec son long cou tendu vous accompagne à bâbord vers les Amériques. La Croix du Sud à la première rencontre est plutôt décevante, comme ces femmes dont on dit qu'elles ont juste raté la beauté ; après, on ne peut plus s'en passer. Au mois d'août, les étoiles filantes, d'un tel éclat qu'elles illuminent tout le ciel, s'appellent les Léonides[1].

Partir en mer, quelle que soit l'heure, est toujours une sorte de crépuscule. Derrière soi, le quai, la ville, les amis, la chaleur, la lumière. Devant soi, ce qui n'est pas connu. Pour un jour ou un mois, l'imprévisible, l'obscur, autrement dit la nuit. Et arriver, quelle que soit l'heure, est toujours une aube.

D'abord l'heure trouble où la nuit n'est pas encore venue mais le soleil est couché. Le froid monte de l'intérieur de soi. Parce qu'il fait moins chaud ? Parce qu'il fait plus sombre. Frisson imperceptible, inquiétude vague qui, un instant, pèse sur les épaules. Larguons les amarres du jour. C'était le même léger pincement au cœur quand le quai s'est éloigné.

1. *La mer est ronde* (Gallimard, 1980). On peut aussi remarquer que les noms des constellations sont surtout grecs, ceux des étoiles arabes, ceux des planètes latins.

Voici maintenant venir la double traversée, celle de la mer et celle de la nuit. Les êtres de cette terre, les formes familières, les certitudes réconfortantes une à une s'estompent et disparaissent. Voici venir maintenant la double solitude, celle de la nuit et celle de la mer. Peu à peu, chacun de nos sens va retrouver une autre habileté, une autre vie. L'œil, perdu d'abord, tâtonne dans le noir et enfin trouve son chemin. Le blanc d'une crête de vague qui déferle lui fait signe. Une étoile qui se balance entre deux haubans l'appelle. La main, aveugle, va aussi trouver sa route. La barre, dans la paume, la soutient. La résistance de la mer comme la tendance du bateau à lofer lui sont d'autres mains qui la guident.

Et l'oreille ! Son règne commence. S'il fait beau, le bruit de l'eau contre la coque est une soie qu'on froisse. S'il vente, c'est le plain-chant de la mer qui s'élève.

Une écoute qui bat, une voile qui faseye, une drisse qui claque. Vent arrière, c'est l'orchestre avec les stridences du vent et la basse continue de la mer qui roule sur elle-même. Vent debout, c'est le vacarme, tout craque et gémit, mais chaque craquement porte un nom. La nuit, tout bruit est multiplié, renforcé, répercuté, toute distance agrandie de la dimension du mystère : tout contact devient surprise hostile ou geste amical. La nuit, tout est différent et plus rien n'est indifférent. Être seul à la barre, de nuit, ce n'est pas la même chose non plus. Le jour est quand même une sorte de compagnie. Désormais, il n'y a plus que la mer et son cercle autour de vous, plus près, plus serré, plus dur, doublé et renforcé du cercle de la nuit.

Passent dans la tête des songes demi-éveillés, des

souvenirs contradictoires, des visages hésitants, des bribes de chansons, des noms qu'on cherche. Une longue histoire sans queue ni tête, comme une vie humaine, pleine de photos jaunies, de détails de cuisine, de jubilation vague, d'inquiétudes techniques soudaines et dérisoires, de paix qui ne sait pas qu'elle est la paix. On se parle aussi, la solitude et la nuit y invitent, sans trop savoir si c'est en dedans de soi ou à haute voix.

Parfois une autre voix dit votre nom, net, précis. Comme elles se peuplent vite, la mer déserte et la nuit où l'on est seul...

Antarès peu à peu s'engloutit dans le noir de la mer. Dans le noir de la nuit, la Grue fidèle navigue toujours de conserve. Arcturus, pierre brillante jetée de la Grande Ourse, va sombrer à son tour. A l'est, cette décoloration n'est pas encore l'aube. C'est le premier moment de la Genèse, quand ne sont encore séparés ni les animaux et l'homme, ni le soleil et la lune, ni la mer et la terre, ni la terre et le ciel, ni la lumière et les ténèbres ; quand il n'y avait encore que les eaux, et l'Esprit de Dieu planait sur les eaux. Puis on peut aller dormir puisque vient le jour. Après avoir fait le point avec le nouveau soleil qui tangente l'horizon. De trace sur sa route le bateau n'en laisse pas. Seulement un sillage et la mer de l'arrière accourt inlassablement pour le noyer.

***

Rien. Nous ne laisserons rien. Pas plus que la mer ne garde signe de notre passage. Labourer la mer sans moisson, disait Homère.

Oui, un temps, la tristesse des proches qui parfois auront l'impression que nous sommes encore parmi eux. Qui s'arrêteront, émus, sur un mot, un geste, un objet, en se souvenant que nous l'avions dit, fait, aimé. Tous ceux que nous avons connus, qui nous ont connu, et nos enfants, et les enfants de nos enfants qui riront et pleureront comme nous en pensant à nous. Mais viendra vite un jour où même dans les souvenirs nous ne serons plus que des silhouettes sans épaisseur, desséchées et écrasées entre les pages de l'herbier, ou deux lignes dans un annuaire. Peut-être un mur redressé, un arbre planté, une aventure racontée, encore témoigneront pour nous. Plus tard, quand tous nos biens et nos os auront été dispersés. Peut-être des fragments de livres serviront à un jeune professeur dont on vantera les qualités originales de chercheur à écrire une thèse sur les dernières années du XXe siècle. Mais la vraie chance d'être encore présent dans quelques millénaires est de tomber dans une crevasse gelée en haute montagne. Les savants discuteront pour savoir si le tatouage au creux de notre genou gauche correspond à un signe religieux chez une population où la rotule aurait été le siège de l'âme ; interprétation spiritualiste violemment combattue par l'école fonctionnaliste pour qui il ne peut s'agir que de la cicatrice laissée par la position de tir propre aux techniques de chasse de l'époque (appui du propulseur sur la face interne de la jambe). Plus loin, plus tard encore, dans une autre planète, peut-être quelques mots mal orthographiés et un fragment de métatarse conduiront à d'autres débats linguistiques, ethnologiques, archéologiques et puis tout disparaîtra parce que le niveau de la mer aura brutalement monté sur cette terre ou que la vie se sera portée ailleurs.

Ceux qui ont cru qu'ils pouvaient dès maintenant se donner la satisfaction fondamentale de savoir à quoi servait leur vie se sont trompés et ont tué beaucoup de leurs semblables. « Les hommes font l'histoire mais ne savent pas l'histoire qu'ils font. » Qui peut encore condamner ou justifier en invoquant l'avenir ?

Le Reich d'Hitler, souvenons-nous, c'était le Reich « de mille ans ». Il s'écroula au bout de douze. Les empires coloniaux bâtis au cours des siècles par les pays européens, gloire, fardeau ou péché de l'homme blanc, semblaient indestructibles et d'ailleurs assez peu contestés : en quelques lustres ils s'effondrent après la Seconde Guerre mondiale. Quant au « grand espoir à l'Est », il s'est dégradé en Goulag et les « lendemains qui chantent » se sont tus.

Le tribunal de l'Histoire est fermé. Assez de crimes ont été commis en son nom. La preuve par la victoire a été longtemps une procédure judiciaire. Celui qui gagne n'a pas toujours raison. Mais surtout, qui gagne assez longtemps pour pouvoir dire qu'il a gagné ?

Dans la sourate XVIII du Coran, celle qu'on lit le vendredi, Moïse, qui a déjà la réputation d'être très sage, veut encore augmenter sa sagesse. Il s'adresse à Melchisédech, dont le nom veut dire « le serviteur du Seigneur », mais au sens aussi de messager entre ce monde et l'autre. Il est le Grand Intermédiaire. Moïse lui demande de l'accompagner en voyage pour profiter de sa sagesse. Melchisédech lui répond : « Non, tu n'es pas assez patient. » Mais Moïse insiste tant qu'en fin de compte ils partent tous les deux.

Ils sont arrêtés par un bras de mer et Melchisédech demande à des pêcheurs qui levaient l'ancre s'ils accepteraient de les prendre à bord. Les pêcheurs acceptent volontiers. Dès qu'ils sont un peu au large, Melchisédech prend une hache, défonce la coque et coule le bateau. Ils se retrouvent sur le rivage et Moïse proteste : « C'est vraiment incompréhensible, voilà des gens qui te rendent service et la première chose que tu fais, c'est de détruire leur bateau. — Comme je le craignais, dit Melchisédech, tu n'es pas assez patient. » Et ils continuent à marcher dans les terres. A un carrefour, Melchisédech demande son chemin à un jeune garçon, qui le lui indique. Alors Melchisédech prend une grosse pierre et écrase la tête du jeune garçon. Moïse proteste. « Voilà une façon de dire merci qui est bien scandaleuse. Es-tu fou ? » Et Melchisédech répond : « Toi qui veux être sage, tu es trop impatient. »

Ils arrivent devant une ville. On leur refuse l'hospitalité, on leur ferme la porte au nez. En contournant la ville, Melchisédech s'aperçoit que le mur d'enceinte menace ruine. Il passe la journée à étayer le mur. Moïse explose : « C'en est trop : ceux qui te reçoivent le plus mal, c'est ceux-là que tu aides. » Alors Melchisédech lui dit : « J'avais bien raison de le craindre, tu n'es pas assez patient. Il faut toujours savoir attendre la fin de l'histoire. Moi, je la connais. Moi, je savais que si les pêcheurs continuaient leur route ils seraient pris par les pirates et il s'ensuivrait pour eux des années d'un épouvantable esclavage. Je savais que le garçon qui nous avait renseignés, quelques années plus tard, serait la source de grands crimes. Je savais que dans le mur de la ville qui nous a si mal reçus un trésor était caché qui allait apparaître au grand jour si les pierres tombaient et dont profiteraient les méchants. Comment juger sans attendre la fin ? Tu es vraiment trop impatient. » Et ils se séparent.

⁂

Il faut attendre. Comment savoir alors que le bruit du monde qui nous entoure n'est qu'un bourdonnement comme celui que les enfants entendent en collant leur oreille à un coquillage. Comment juger alors qu'il n'y a d'autre rumeur que celle de la mer qui brise, gronde, murmure, et des vagues que fend l'étrave.

Il n'y a pas de sillon : seulement un sillage, et il faut attendre la fin de la traversée pour connaître la traversée. Que la nuit soit finie pour juger de la nuit. Qu'elle est courte la vie d'un homme et il faudra pourtant attendre la fin de toute vie pour juger chaque vie.

Mais peut-être les pessimistes se trompent-ils. Peut-être laissons-nous tout, notre trace est partout et le regard d'un enfant qui rit, dans des millénaires et des millénaires, ce sera nous aussi. Vive l'espérance. Peut-être dans le sang, dans l'âme, dans la couleur des jours pourra-t-on retrouver tout de nous-mêmes. La science moderne est fascinante d'une invention qui touche à la poésie, même dans les domaines militaires. Les techniques de repérage des sous-marins nous ont appris à suivre un bateau par la modification durable des molécules qu'a laissée son invisible passage dans l'eau. Et par l'écran qu'il constitue par rapport au grand murmure des fonds marins, son ombre sonique qui se déplace avec lui. Pourquoi nos vies laisseraient-elles moins de trace que celle d'une coque effilée dans la mer immense ? Nous aussi, nous avons une ombre. Que celle de nos jours heureux ne disparaisse pas.

Certains mots sont comme des gros mots et la pudeur conduit à ne pas les employer. Bonheur est sans doute de ceux-là. Pourtant, je crois que tous les marins, malgré le temps contraire, et les avaries, et parfois l'angoisse, ont eu du bonheur en mer. Celui d'arriver, certes ; mais aussi celui de partir, peut-être le plus émouvant quand glisse le dernier tour mort de la dernière amarre à quai ; et celui de naviguer. Choisir sa route, envoyer de la toile, la réduire, estimer le temps, calculer sa position, changer sa route, renvoyer de la toile. Dormir. Ne pas dormir. Passer la barre à un ami. Manger. Réparer une écoute. Avoir les mains brûlées, les yeux et les lèvres salés, sentir la sueur et le suint. Voir la mer monter contre soi et entendre le vent forcir jusqu'à ce que l'univers ne soit plus que vacarme dément. Se mettre à la cape et aller dormir. Une nuit, une aube, un jour, un soir. Une fois, dix fois, vingt-quatre fois. Voir le ciel changer, et la mer changer. Calculer, estimer la mer et le ciel, et continuer. Se réjouir discrètement de ce que la brise adonne, le baromètre fait mouvement dans le bon sens, l'horizon là-bas s'éclaire. S'inquiéter en silence de ce nuage né sur un autre continent à l'origine des temps avec la précession des équinoxes et qui va passer un instant sur vous. Entendre le bruit de l'eau contre la coque quand le bateau travaille au mieux de ses formes et que les voiles sont comme elles doivent être. Faire naturellement, jour après jour, tous ces gestes qui s'énoncent en un mot : largue, affale, embraque, étarque, borde, choque, lofe, arrive, abat, envoie,... qui sont les gestes de la vie en mer et parfois ceux de la survie. Être seul.

Mais quelle liberté est-ce là ! Liée aux plus dures contraintes de la terre, de l'eau et de l'air, et des plus imprévisibles, ballottée du flot et du jusant, soumise à la chaîne des cyclones et anticyclones alternés, née avec ce monde et qui finira avec lui, sans autre objectif qu'un feu marqué sur la carte, si la mer le permet, et pas d'autres repères que les étoiles et le soleil, si le ciel le veut bien. Et quel bonheur, vraiment ? Tout ne semble que servitude, inconfort, fatigue, danger. La réponse est : il faut aimer. Ceux qui n'aiment pas ne peuvent pas comprendre.

J'aime la mer. Ce n'est pas seulement à cause d'un besoin d'aventure dans un monde trop connu ou réglementé. Ce n'est pas seulement pour l'exploit sportif à la dimension des océans. Ce n'est pas seulement parce qu'elle exige l'exercice des qualités les plus contradictoires : le sang-froid et l'imagination, la passion et l'expérience. Ce n'est pas seulement parce que 360° d'horizon est pour moi le plus beau paysage du monde sans cesse renouvelé. C'est aussi parce que, dans notre monde aux combats douteux, vivre en mer à la fois contre les éléments et grâce à eux apporte ce qui nous manque à tous de plus en plus : des mystères simples.

Vanité des vanités et poursuite du vent, répétait l'Ecclésiaste pour condamner l'inutilité de toute entreprise humaine. J'aime la poursuite du vent.

Table

Le Livre de Poche Biblio

Extrait du catalogue

Sherwood ANDERSON
Pauvre Blanc

Guillaume APOLLINAIRE
L'Hérésiarque et Cie

Miguel Angel ASTURIAS
Le Pape vert

Djuna BARNES
La Passion

Adolfo BIOY CASARES
Journal de la guerre au cochon

Karen BLIXEN
Sept contes gothiques

Mikhail BOULGAKOV
La Garde blanche
Le Maître et Marguerite
J'ai tué
Les Œufs fatidiques

Ivan BOUNINE
Les Allées sombres

André BRETON
Anthologie de l'humour noir
Arcane 17

Erskine CALDWELL
Les Braves Gens du Tennessee

Italo CALVINO
Le Vicomte pourfendu

Elias CANETTI
Histoire d'une jeunesse (1905-1921) - *La langue sauvée*
Histoire d'une vie (1921-1931) - *Le flambeau dans l'oreille*
Histoire d'une vie (1931-1937) - *Jeux de regard*
Les Voix de Marrakech

Raymond CARVER
Les Vitamines du bonheur
Parlez-moi d'amour
Tais-toi, je t'en prie

Camillo José CELA
Le Joli Crime du carabinier

Blaise CENDRARS
Rhum

Varlam CHALAMOV
La Nuit
Quai de l'enfer

Jacques CHARDONNE
Les Destinées sentimentales
L'Amour c'est beaucoup plus que l'amour

Jerome CHARYN
Frog

Bruce CHATWIN
Le Chant des pistes

Hugo CLAUS
Honte

Carlo COCCIOLI
Le Ciel et la Terre
Le Caillou blanc

Jean COCTEAU
La Difficulté d'être

Cyril CONNOLLY
Le Tombeau de Palinure

Joseph CONRAD
A Set of Six

Joseph CONRAD
et Ford MADOX FORD
L'Aventure

René CREVEL
La Mort difficile
Mon corps et moi

Alfred DÖBLIN
Le Tigre bleu
L'Empoisonnement

Lawrence DURRELL
Cefalù
Vénus et la mer
L'Ile de Prospero
Citrons acides

Friedrich DÜRRENMATT
La Panne
La Visite de la vieille dame
La Mission

J.G. FARRELL
Le Siège de Krishnapur

Paula FOX
Pauvre Georges!
Personnages désespérés

Jean GIONO
Mort d'un personnage
Le Serpent d'étoiles
Triomphe de la vie
Les Vraies Richesses

Jean GIRAUDOUX
Combat avec l'ange
Choix des élues

Vassili GROSSMAN
Tout passe

Lars GUSTAFSSON
La Mort d'un apiculteur

Knut HAMSUN
La Faim
Esclaves de l'amour
Mystères
Victoria
Sous l'étoile d'automne

Hermann HESSE
Rosshalde
L'Enfance d'un magicien
Le Dernier Été de Klingsor
Peter Camenzind
Le Poète chinois
Souvenirs d'un Européen
Le Voyage d'Orient
La Conversion de Casanova

Bohumil HRABAL
Moi qui ai servi le roi d'Angleterre
Les Palabreurs
Tendre Barbare

Yasushi INOUÉ
Le Fusil de chasse
Le Faussaire

Henry JAMES
Roderick Hudson
La Coupe d'or
Le Tour d'écrou

Ernst JÜNGER
Orages d'acier
Jardins et routes
(Journal I, 1939-1940)
Premier journal parisien
(Journal II, 1941-1943)
Second journal parisien
(Journal III, 1943-1945)
La Cabane dans la vigne
(Journal IV, 1945-1948)
Héliopolis
Abeilles de verre

Ismail KADARÉ
Avril brisé
Qui a ramené Doruntine ?
Le Général de l'armée morte
Invitation à un concert officiel
La Niche de la honte
L'Année noire
Le Palais des rêves

Franz KAFKA
Journal

Yasunari KAWABATA
Les Belles Endormies
Pays de neige
La Danseuse d'Izu
Le Lac
Kyôto
Le Grondement de la montagne
Le Maître ou le tournoi de go
Chronique d'Asakusa
Les Servantes d'auberge

Abé KÔBÔ
La Femme des sables
Le Plan déchiqueté

Andrzeij KUSNIEWICZ
L'État d'apesanteur

Pär LAGERKVIST
Barabbas

LAO SHE
Le Pousse-pousse
Un fils tombé du ciel

D.H. LAWRENCE
Le Serpent à plumes

Primo LEVI
Lilith
Le Fabricant de miroirs

Sinclair LEWIS
Babbitt

LUXUN
Histoire d'AQ : Véridique biographie

Carson McCULLERS
Le cœur est un chasseur solitaire
Reflets dans un œil d'or
La Ballade du café triste
L'Horloge sans aiguilles
Frankie Addams
Le Cœur hypothéqué

Naguib MAHFOUZ
Impasse des deux palais
Le Palais du désir
Le Jardin du passé

Thomas MANN
Le Docteur Faustus
Les Buddenbrook

Katherine MANSFIELD
La Journée de Mr. Reginald Peacock

Henry MILLER
Un diable au paradis
Le Colosse de Maroussi
Max et les phagocytes

Paul MORAND
La Route des Indes
Bains de mer
East India and Company

Vladimir NABOKOV
Ada ou l'ardeur

Anaïs NIN
Journal 1 - *1931-1934*
Journal 2 - *1934-1939*
Journal 3 - *1939-1944*
Journal 4 - *1944-1947*

Joyce Carol OATES
Le Pays des merveilles

Edna O'BRIEN
Un cœur fanatique
Une rose dans le cœur

PA KIN
Famille

Mervyn PEAKE
Titus d'Enfer

Leo PERUTZ
La Neige de saint Pierre
La Troisième Balle
La Nuit sous le pont de pierre
Turlupin
Le Maître du jugement dernier
Où roules-tu, petite pomme ?

Luigi PIRANDELLO
La Dernière Séquence
Feu Mathias Pascal

Ezra POUND
Les Cantos

Augusto ROA BASTOS
Moi, le Suprême

Joseph ROTH
Le Poids de la grâce

Raymond ROUSSEL
Impressions d'Afrique

Salman RUSHDIE
Les Enfants de minuit

Arthur SCHNITZLER
Vienne au crépuscule
Une jeunesse viennoise
Le Lieutenant Gustel
Thérèse
Les Dernières Cartes
Mademoiselle Else

Leonardo SCIASCIA
Œil de chèvre
La Sorcière et le Capitaine
Monsieur le Député
Petites Chroniques
Le Chevalier et la Mort
Portes ouvertes

Isaac Bashevis SINGER
Shosha
Le Domaine

André SINIAVSKI
Bonne nuit !

George STEINER
Le Transport de A. H.

Tarjei VESAAS
Le Germe

Alexandre VIALATTE
La Dame du Job
La Maison du joueur de flûte

Ernst WEISS
L'Aristocrate

Franz WERFEL
Le Passé ressuscité
Une écriture bleu pâle

Thornton WILDER
Le Pont du roi Saint-Louis
Mr. North

Virginia WOOLF
Orlando
Les Vagues
Mrs. Dalloway
La Promenade au phare
La Chambre de Jacob
Entre les actes
Flush
Instants de vie

Composition réalisée par BUSSIÈRE 18200 Saint-Amand-Montrond

IMPRIMÉ EN FRANCE PAR BRODARD ET TAUPIN
Usine de La Flèche (Sarthe).
LIBRAIRIE GÉNÉRALE FRANÇAISE - 6, rue Pierre-Sarrazin - 75006 Paris.
ISBN : 2 - 253 - 09784 - 5 30/9784/7